钮永建年谱

张乃清 著

中西書局

图书在版编目(CIP)数据

钮永建年谱／张乃清著.—上海：中西书局，2017.7
ISBN 978-7-5475-1274-6

Ⅰ.①钮… Ⅱ.①张… Ⅲ.①钮永建（1870-1965）—年谱 Ⅳ.①K827=6

中国版本图书馆 CIP 数据核字(2017)第 119790 号

钮永建年谱
张乃清　著

责任编辑	陈翔燕
封面设计	杨钟玮
出　　版	上海世纪出版集团 中西书局(www.zxpress.com.cn)
地　　址	上海市陕西北路 457 号(200040)
发　　行	上海世纪出版股份有限公司发行中心
经　　销	各地新华书店
印　　刷	上海天地海设计印刷有限公司
开　　本	710×1000 毫米　1/16
印　　张	6.5
版　　次	2017 年 7 月第 1 版　2017 年 7 月第 1 次印刷
书　　号	ISBN 978-7-5475-1274-6/K·237
定　　价	30.00 元

钮永建(1870~1965),字惕生,笔名铁生,又字孝直,号天心。出生于上海县马桥镇俞塘一号。二十岁考中秀才,二十四岁考中举人。1896年入湖北武备学堂。1899年赴日本留学,广交革命志士。1905年末加入中国同盟会。1911年10月参加辛亥上海光复。1912年任南京临时政府参谋次长。1917年随孙中山南下广州,任大元帅府参谋次长。北伐战争开始后为驻沪特派员,策动上海武装起义。1927年4月任南京国民政府秘书长,10月任江苏省政府主席。1930年后,在家乡创办俞塘民众教育馆,历任南京国民政府 内政部长、考试院副院长及代理院长、总统府资政。1949年5月到台湾。1965年12月23日在美国纽约病逝,享年九十六岁。

钮永建塑像立于俞塘民众教育纪念馆内

钮永建、黄梅仙灵榇暂安厝在美国纽约北郊草山墓园

1870年(清同治九年庚午)　1岁

3月9日(农历二月初八),永建生于上海县马桥镇①俞塘一号,排行四,有胞兄永保、永昭、永绍。祖父钮元蒸,字敦复,号晓园,太学生,诰赠奉政大夫,晚年以课孙为乐;祖母蔡氏。父亲钮世章(1828～1878),字味三,号如金,举人;母亲王氏,为太学生王鼐之女。永建为俞塘支钮氏②第九代子孙。后嗣伯父钮世升(字遇春)。

① 上海县马桥镇:今属上海市闵行区马桥镇。
② 俞塘支钮氏:先世吴兴钮氏始祖为东晋吴兴孝廉、曾任松阳县令钮滔(字景直),以浙江吴兴东南华林村为故居。世代繁衍,成为吴兴郡四大姓(姚、沈、邱、钮)之一。后确认吴兴钮氏一世祖为宋时人钮挺岩(字梅山)。钮氏上海马桥俞塘支始迁祖钮大椿,为吴兴钮梅山之十三世孙,于清康熙元年(1662)从上海县城始迁居马桥镇东,即十八保十三图俞塘河北岸的俞塘村,始设"爱日堂"。俞塘一号钮氏老宅占地数亩,有百余间房屋,五房亲属聚居于此,代号为恭记、宽记、信记、惠记、敏记。永建为宽记一支。

1872年(同治十一年壬申)　3岁

父亲世章先后主持疏浚俞塘、竹港诸河,并与张庆慈等里人创建吴会书院①。

① 吴会书院:创办人顾言(字丹泉)说动乡绅钮世章、张庆慈联名发起集捐,合力筹建,命题课试,承载起"传道、授业、解惑"等社会功能。为上海西南地区当时唯一的正规学府。

1874年(同治十三年甲戌)　5岁

永建受兄长永保①、永昭②启蒙,读毕《百家姓》《三字经》《千字文》

等,过目成诵。

① 钮永保,初名永镳,字福生,号价藩。嗣伯父钮世阶。光绪三年(1877)上海县学庠生。后业儒。

② 钮永昭,初名永鋆,字复生,号挹晖。光绪十三年(1887)上海县学庠生。愤吾国之日趋贫弱,以兴学校、办实业为己任,设俞塘公学、广利蚕桑公会。性情严峻,不苟言笑,肄业南菁书院,著有《晏子春秋校释》。生平所学除经史外,兼通医学、周易、天文星象诸书,而尤精于生辰推算之术。

1875年(光绪元年乙亥)　6岁

父亲世章偕同李金镛①航海北上,负责江苏省助赈京、津、河北旱饥荒,受松江府嘉奖。

① 李金镛,字秋亭,号丽卿,江苏常州绅商。

1876年(光绪二年丙子)　7岁

永建在吴会书院就读。先后师从张文灿(字耕云)、母舅王佐才(字和卿)、岁贡生陈镕经(字醉六)、上海县儒学教谕宣敬熙(人称琴三夫子,无锡金匮人)、岁贡生秦赞尧(字庸莩)。

是年,永建读毕《大学》《中庸》《论语》,开笔作文赋诗。

1877年(光绪三年丁丑)　8岁

父亲世章被保举为知县加同知衔,赴直隶保定就职。

是年,长兄永保入上海县学庠生。

1878 年(光绪四年戊寅)　9 岁

春,父亲世章因病辞职返乡。

11 月 1 日,父亲世章积劳病故。

1880 年(光绪六年庚辰)　11 岁

永建读毕"十三经",能完篇作八股文。

1885 年(光绪十一年乙酉)　16 岁

春,永建初次赴上海县学宫应院试,未录取,愤而咯血。经乡人指点,修炼明末华亭名士陈继儒的"小周天法"①。勤加修习,数月后见效。

① 小周天法:气功内丹术,即练精化气的过程,也称百日筑基。

1889 年(光绪十五年己丑)　20 岁

春,永建再应院试,终以第一名的成绩考中上海县学秀才。

经导师、江苏提督学政杨颐(字子异,号蓉浦)推荐,永建被江苏学政黄体芳(字漱兰,号蒓隐,人称瑞安先生)直接调入南菁书院①。

秋,永建赴南菁书院就读,业师秦赞尧、李景韩偕行。途中,结识吴稚晖②,同游无锡惠泉山。两人在二泉亭啜茶纵谈,极为投机,誓订为终身之交。

从此,永建在南菁书院攻习高等文学及德行、道艺、经史、时务等专门学术,师从杨颐、南菁书院主讲黄以周(字符同,号儆季)、南菁书院山长缪荃孙(字炎之,又字筱珊)等。同学有吴稚晖、吴县王仁俊(字干臣)、泰兴县金钺(字蘅挹)、如皋县沙元炳(字健庵)、武进县谢思灏(字仁甫)、六合县田其田(字北湖)等。

某日,永建骑马奔出江阴县城北门,马鞍突然断裂,人被甩在路边的枯水池中,而身子仍屹然稳坐在马鞍之上。正巧吴稚晖追上来,见此奇迹,不禁欢呼:"惕生,你的骑马本领真是天授的,大可去学习陆军。"因此产生弃文习武的志愿。

① 南菁书院:设在江阴城内,为江苏学政黄体芳所创办,专门研究经史、舆地、古文、词章等朴学,被誉为江苏最高学府。入院科生都是名列前茅的秀才。

② 吴稚晖(1865~1953),名眺,后名敬恒,江苏武进雪堰桥人。一生追随国民党革命却一生不入官门。

1890年(光绪十六年庚寅)　21岁

4月,永建偕同学吴稚晖、杨积斋、田其田、孙揆均(字叔方)等,自江阴至靖江,乘轮船至上海,首次遨游黄浦江畔,住三洋泾桥附近。

1891年(光绪十七年辛卯)　22岁

2月1日,永建与吴稚晖、杜嗣程赴苏州游览,住府前街,参观紫阳书院并考证其修建过程。

8月,永建与吴稚晖赴南京看榜,得知吴稚晖乡试中举人。

1892年(光绪十八年壬辰)　23岁

12月15日(农历十月二十七日),江阴知县路过孔庙前未下轿施礼,恰被南菁书院科生田其田、康浩镇、王英冕等撞见,认为父母官"非圣无法",有辱斯文,便用石块击轿。永建与吴稚晖等同窗闻讯上前相助,并拥往县署交涉。

是年,永建辑录东晋松阳县令钮滔之母亲所著诗文,名为《孙琼集》,为之题跋。

是年,永建在《两〈汉纪〉校释后记》中称:"爰以壬辰之岁,书院始课札记,永建习学于此,仅能治校勘之业,凡治前后《汉纪》六十卷,得校语六卷。《文献通考》载宋李焘跋,谓是书天圣中已无善本。康熙中,襄平蒋国祚以旧本参校,为《两汉纪异同考》,附刊于后,最为近代精本,然犹滋讹脱。近番禺陈璞合诸本复校,颇称详密,刊于广东学海堂。窃不知量,更以管见纠发缪滞,补所未备,其蒋校、陈校已著录者略之,凡属草稿七阅月,编录如右。"

是年,永建所撰《前〈汉纪〉校释》《后〈汉纪〉校释》各三卷被收入《南菁札记》丛书。

南菁书院山长缪荃孙责怪吴稚晖、钮永建等惹事生非,竟劝两人退离书院。从此,永建对旧式书院屈从于封建权势深有恶感。

1893年(光绪十九年癸巳)　24岁

秋,永建参加癸巳恩科乡试。经同考试官安徽定远县知县郑基(字筑平,广东香山人)推荐,以第九十四名考中举人。同科邑人有秦锡田、秦锡圭、张仁敏、钟如琦、颜友笙、顾小孟、朱似石等。

是年,永建转学到上海经正书院。每日阅《万国公报》和《泰西新史揽要》等书刊,在格致书堂购得《万国通鉴》等书籍,并立意研究《圣经》。

是年,永建与徐惠容(字琬蓉)①结婚。

是年,永建母亲王氏(1829~1893)逝世,终年六十四岁。

① 徐惠容(1867~1912),山东、浙江布政使徐恕(字心如,乾隆十六年进士)的玄孙女,父亲徐廷杰,议叙从九品,母亲王氏。祖辈原籍浙江吴兴,世居青浦县白鹤江。生于同治六年(1867)三月初三,长永建三岁。婉娴贤淑。卒于1912年7月4日,终年四十六岁。

钮永建硃卷

1894年(光绪二十年甲午)　25岁

11月,永建读到上海《万国公报》(月刊)第69、70册上刊载的"广东香山来稿"《上李鸿章书》,深为作者的胆识所折服。从此更加注意阅读西方书刊,关注时事发展。

1895年(光绪二十一年乙未)　26岁

4月17日(农历三月二十三日),中国在甲午中日战争中战败后,迫签丧权辱国的《马关条约》,割地赔款。孙中山设兴中会,提出"驱除鞑虏,恢复中华,创立合众政府"的反清口号;康有为、梁启超等维新派领导波及全国的维新变法运动,发动"公车上书",提出维新变法的主张。

是年,愤于甲午战争中国战败,永建决意弃文习武。

1896 年(光绪二十二年丙申)　27 岁

永建奔赴武昌,考入湖北武备学堂,习陆军,学制两年半。

是年,永建在校结识同学吴禄贞(1880~1911,字绥卿,湖北云梦人),结为逆莫之交。

是年,永建帮助松江同乡好友陈景韩(又名陈冷,后成为《申报》总主笔)考入湖北武备学堂[①]。

① 湖北武备学堂:设在武昌黄土坡(今首义路)。湖广总督张之洞于 1896 年 8 月(光绪二十二年七月)创建,次年正月正式开学。学堂教师大多聘自德国,入校学生皆选自"文武举贡生员及文监生、文武候补候选员弁,以及官绅世家子弟"。

1897 年(光绪二十三年丁酉)　28 岁

永建在湖北武备学堂。衣食、书籍由学堂供给,每月还发给赡家银四两。讲堂功课有军械学、算学、测绘、地图学、各国战史、营垒、桥道制造之法及营阵攻守转运之要;操场功课有枪队、炮队、马队、营垒、工程队、行军炮台、行军铁路、行军电线、行军旱雷、试演测量、演习体操等。逢暇日诵读"四书"、披览史籍兵略,以"固中学之根底,端毕生之趋向"。

是年,永建学业成绩保持优异,备受学堂主持人、张之洞最得力的僚属梁鼎芬(字星海,号节庵)的赏识。

是年,永建与同学刘成禺(本名问尧,字禺生)聊天,互谈孙中山在檀香山练兵事,得知"广东香山来稿"的作者就是孙中山先生,认定他是一位"时代英雄"。

1898年(光绪二十四年戊戌)　29岁

7月,永建湖北武备学堂毕业,暂留武昌。时正值戊戌变法,维新风气大盛,永建在致吴稚晖函中,倾吐愤世心境。

10月,永建回上海,在洋务企业家经元善(原名高泉,字莲珊山)所办的高昌庙桂墅里二等学堂"义学斋"任教,学生中有曹汝霖(字润田)等。又担任经正女学(中国女学会书塾)教务长。

是年,为与好友吴稚晖(时任南洋公学国文教席)相伴,永建前去南洋公学①就读。兼职军体领操员,后改任国文教员。

① 南洋公学:中国近代历史上最早创办的大学之一。光绪二十二年(1896)盛宣怀创建,推行"中学为体,西学为用",今交通大学沪校前身。

1899年(光绪二十五年己亥)　30岁

9月15日,永建应两湖书院山长梁鼎芬召唤,抵达武昌,参加留日学生考试,以第一名录取,成为官费留学日本的军事生。

11月,永建从武昌返回家乡马桥,宣传新学,说动顾言改革书院教育,办新式学堂,得到奚佐汤、金庆章、黄蕴深、蒋清镜、严家鼎、张之纲、李祖锡、李祖佑等吴会书院学友的支持,募集办学基金,在吴会书院内办起了新式小学堂(后取名强恕学堂)。

12月,永建到达日本东京,住小石川区。

1900年(光绪二十六年庚子)　31岁

年初,永建在东京准备报考日本陆军士官学校。因船期延误,已逾考期,只能等待一年。

4月,马桥强恕学堂正式开学。

12月28日,永建始定居东京。拟为公学译书数种,筹措学费。

是年,永建在东京一边补习日文,一边广交革命志士,组织江苏留学生同乡会,进而联络各省留学生,筹建教育研究团、政法研究团、各省杂志记者团。

是年,四川总督岑春煊(字云阶)为筹办武备学堂,委梁鼎芬电邀钮永建入蜀,未允。

1901年(光绪二十七年辛丑)　32岁

4月,吴稚晖携家眷来到日本,与永建一起租住在东京神田区明凌馆,同习日文。

6月间,由吴禄贞和程家柽(字韵荪,安徽休宁人)引见,在日本横滨山丁町,永建初次结识孙中山先生。不久,孙中山先生多次赶到东京明凌馆,与之深谈。

12月初,永建与吴稚晖一起从东京回国到上海。

12月,经孙中山先生推荐,永建接受两广总督陶模(字方之)的邀约,与吴稚晖一起奔赴广州,帮助筹办广东武备学堂①,创办新学。住总办衙门西花厅,人称"洋先生"。

① 广东武备学堂：为编练新军培养初级军官，参仿日本士官学校办学方法，于原广东水陆师学堂旧址开办。后改为两广陆军中学堂、广东陆军速成学堂。

1902年（光绪二十八年壬寅）　33岁

永建在广州黄埔，筹办广东武备学堂，手订学堂规章及招生章程，担任总教习。

因梁鼎芬挑拨，陶模被指"招纳革命党"遭弹劾。永建与吴稚晖被迫辞职。

7月28日（农历六月二十四日），东京留日学界因清朝驻日公使蔡钧拒绝保送自费生入成城学校学习陆军，与之发生冲突，大闹公使馆，酿成事件。吴稚晖旋被日本警方驱逐出境，胡汉民（字展堂）、李显谟（字英石）、钮瑗等百余人退学归国。

秋，永建返回日本留学，被孙中山先生推荐为"清国留学生会馆"①干事。又与史久光（字寿白，号皋斋，江苏溧阳人）等筹办《江苏》②杂志。侄女钮勤华赴日本随行，入东京青山实践女学校。

11月16日（农历十月十七日），上海南洋公学爆发退学风潮。

11月19日，在中国教育会的帮助下组成爱国学社。由此国内学界风潮渐起。

是年，永建结交邹容（原名绍陶，又名桂文，字蔚丹，重庆人）等，为其政论文《革命军》初稿润色。

是年，永建与林卓南（广东新会人）等翻译日本学者横山雅南介绍德国社会统计学派理论的《统计讲义录》一书（次年出版）。

① 清国留学生会馆：1902年3月30日（农历二月二十一日），在东京神田区骏河台铃木町十八番地成立。清政府驻日公使蔡钧为会馆总长，留学生监督钱恂为会馆副长。宗旨为"联络情谊，交换知识"。该组织对内有约束中国留学生纪律的责任，对外有代表留学生争取

合法权利的义务。

②《江苏》杂志：江苏留日学生同乡会主办，月刊。宣传革命和民主共和思想。

1903年(光绪二十九年癸卯)　34岁

3月,日本大阪世界博览会揭幕,江苏留日同学秦毓鎏(又名念萱,字晃甫,号效鲁,无锡人,1902年入早稻田大学政治科)等抗议博览会中侮辱中国的行为。

经陶成章(字焕卿,号陶耳山人)介绍,永建结交赴日本参观大阪世博会的徐锡麟(字伯荪,别号光汉子,浙江绍兴人),向他讲述国内大势和革命理论。徐锡麟极受感动,返国后即参加光复会。

4月27日,《江苏》杂志第一期在东京创刊。永建与秦毓鎏同任创刊号编辑,在《发刊词》中把办刊宗旨概括为"谈腐败",启发人们正视现实,认清造成腐败的症结所在,"集注于爱国之一点",从而"去其陈,谋其新",改造中国,改变现实。永建以"铁生"为笔名发表专论《江苏改革之方针》,主张地方自治,强调"改革中国当自江苏始"。

4月29日(农历四月初三)下午,五百余名留日学生在东京神田区锦辉馆集会,声讨沙俄侵华罪行,发起组成拒俄义勇队,先后参加者一百八十余人。

5月2日,留日学生再次在锦辉馆集会,决定把拒俄义勇队定名为学生军。会议选举钮永建、王嘉榘、张肇桐、林长民四人为学生军日常工作负责人。

5月8日,部分留学生集会讨论钮永建提出的三个问题:对日本政府当如何?对俄罗斯当如何?对本国政府当如何?

5月10日,所有签名参军的留学生全部到场开大会,讨论拒俄义勇队章程,并表决通过。永建被推为乙区队第三分队队长。该队队员有黄兴、方声洞等。公推钮永建(获八十一票)和汤尔和(获七十二票)为特派员,专程赴天津请直隶总督袁世凯主战。

5月11日,再次在锦辉馆集会,决议改学生军为军国民教育会,并通过公约,以"养成尚武精神,实行爱国主义"为宗旨。最后投票公举事务员和执法员,又举运动员十二人。

5月28日,永建与汤尔和作为学生军特派员回到上海,寄宿在育才书院。与蔡元培、吴稚晖、邹容等友人相聚,几次到张园参加中国教育会与爱国学社[①]演讲会。在张园集会上,与邹容不约而同地提出建立"中国学生同盟会"的建议。引起清廷注意,永建被列入逮捕名单。

5月,永建担任《江苏》杂志第二期主持人,发表军事论文《治兵通论(上)》。

永建致函吴稚晖,介绍邹容寄居爱国学社。《苏报》发表邹容《〈革命军〉自序》,后《革命军》一书由上海大同书局正式出版。

6月下旬,永建与汤尔和一起到达天津,赴北洋新军大营找袁世凯请愿,遭清廷通缉。上海《同文沪报》误传"学生军特派员"被清廷杀害。

永建返回上海,暂居租界,策动旅沪各省绅商志士集会张园,决议发动全国性的拒俄运动。

6月30日(农历闰五月初六),上海《苏报》案发生,章太炎被捕入狱。次日,《革命军》著者邹容自行投案。

7月5日,永建安全抵达东京。军国民教育会召开欢迎会。

7月7日,爱国学社被取缔,《苏报》被公共租界查封。清廷派员督办《苏报》案。永建就此也被清廷列入"就地正法"的黑名单。

7月,永建在《江苏》杂志第三期《上海学堂一般》一文中,介绍了马桥"强恕公学",称其办学宗旨为"扩蒙养始基立致用大本,斟酌近世智育德育体育之旨,以因材施教"。

秋冬时节,永建潜回上海,避于俞塘,创办"紫冈学舍"。招收本地有志青年学生,训练新式兵操,灌输革命思想。松江、金山、奉贤县及浙江平湖等地青年人赶来参加,其中有焦忠祖(字德一,马桥镇人)、陆丕谟(字佑人,金山县钱圩人)、徐乐同(1888～1970,又名桂八,字仰高,金山县松隐人)、陈惟俭(1883～1951,以字行,号廉斋,浙江省平湖人)、陆翊仁等。夫人徐惠蓉"严治庶务,亲就饮粢,晨夜不遑休息,以佐其成"。

① 爱国学社:中国教育会于1903年2月创办的一所近代学校。校址设于上海泥城桥福源里,蔡元培任学校总理,吴稚晖为学监,黄炎培、章太炎等人义务执教。

1904年(光绪三十年甲辰)　35岁

年初,永建再赴武昌,在湖北武备学堂工作。

9月21日,永建致吴稚晖信,谈在武备学堂近况,无所展布。

11月7日,黄兴等人在上海联络革命党人创立启明译书局。

11月19日(农历十月初一),万福华在上海谋刺前广西巡抚王之春未遂,被捕入狱。黄兴等十二人亦遭株连。

冬,光复会在上海成立,蔡元培为会长。

1905年(光绪三十一年乙巳)　36岁

8月20日(农历七月二十日),中国同盟会在日本东京宣告成立,百余人出席。

8月,应好友庄蕴宽①之邀,永建转赴广西。

9月18日,庄蕴宽由广西梧州知府调任广西太平思顺兵备道兼广西边防督办。永建随往,担任帮办,即龙州边防大营总文案,并兼任龙州广西边防将弁学堂监督(教育长),带随员两人、学生数十人同往。

11月26日,《民报》在日本东京创刊。

11月,黄兴在同盟会成立后的第一站活动选在广西,化名张守正到达广西龙州。永建以新军军官身份为掩护,与黄兴等会晤,密商发动桂林起义。黄兴托永建居间调处郭人彰(巡防营统领)与蔡锷(随营学堂监督)之间的矛盾,运动他们举兵反正。

冬,清廷驻沪商约事务大臣吕海寰(1840~1927)对民间办学情况进行调查,认为马桥强恕学堂、三林中学堂等五所学堂"卓有成效","程度不入歧异,课程均符定章",奏请朝廷给予立案,对各校创办人给予嘉奖"以昭激励",对诸校学生"毕业后准予照章归官考试给奖"。

年末,由黄兴介绍,永建秘密加入中国同盟会。

① 庄蕴宽(1866~1932),字思缄,号抱闳,江苏常州人。1890年中副贡。光绪年间,历任浔阳书院主讲、百色厅同知、梧州府知府、太平思顺兵备道兼广西龙州边防督办等职。先后创设平南武城学堂、广州武备学堂、梧州中学堂等,并邀钮永建、蔡锷赴桂林协办陆军干部学堂。辛亥革命后,出任江苏都督。后任审计院院长十二年之久,为故宫博物院早期领导人之一。

庄蕴宽与钮永建是南菁书院同学,他也是吴稚晖的近亲。

1906年(光绪三十二年丙午)　37岁

5月12日(农历闰四月二十日),光绪皇帝下达圣旨,通令嘉奖马桥强恕学堂顾言等上海五校办学有功人员。

11月,黄兴在长沙策划起义,遭湖南巡抚通缉,乔装成道士逃到龙州边防，托永建密报庄蕴宽。庄蕴宽对永建说了一句"差龙"（常州话，即离开），命人护送黄兴出境并赠以重金作盘缠。

因庄蕴宽调任桂林兵备道总办，永建随往任帮办。在桂林城内筹办广西陆军讲武堂。

冬，永建筹办陆军小学堂，招收新生。报考者上千人。

1907年（光绪三十三年丁未） 38岁

年初，陆军小学堂第一期七十二名学员入学上课，桂林南门外旧教场兵棚作为临时校舍。永建邀蔡锷（原名艮寅，字松坡）任总办。学生中有白崇禧（字健生）、李品仙（字鹤龄）等。

永建出任广西边防陆军步兵教导团团长（位于龙州镇白沙街天后宫龙神庙）。蔡锷为总教官。永建学生陆丕谟（字佑人，金山县人）不远千里投奔到龙州。

永建秘密发展庄蕴宽为同盟会会员。

5月，黄兴滞留龙州数月，与钮永建、秦毓鎏（时任龙州法政学堂监督）商议起义。两人告诉黄兴"缺乏实力"，后因郭人彰的破坏和准备不足，取消计划。

6月，庄蕴宽因母亲去世，请假奔丧。

永建密铸武器及配件，准备

1907年钮永建在广西

镇南关起义。

冬,陆军小学堂第二期七十二名学员入学,其中有李宗仁(字德邻)。

12月1日,孙中山策动镇南关起义。8日,起义失败。庄蕴宽、钮永建受到牵连。广西巡抚张鸣岐恐声张与己不利,未予深究,仅将庄蕴宽调离龙州。

1908年(光绪三十四年戊申)　39岁

2月,广西巡抚张鸣岐奉朝廷之命办新军,将庄蕴宽调赴桂林,任广西督练公所参议兼兵备参谋教练三处总办。

5月25日,永建署名"铁生"在广西《武学》杂志发表军事论文《马术之必要》。

7月3日,设在龙州南标营的广西陆军讲武堂开学。吴元泽、蔡锷先后任总办,永建为监督。

10月,永建随庄蕴宽赴日本考察军政建设,参观日本陆军士官学校秋季大操,与留学日本的中国学生讨论民族救亡图存等问题。在陆军士官学校第五、六期学员中,邀约李书城(字晓圆,又名筱垣)、王孝缜(字勇公)、陈之骥(字叔亮)等中国留学生以及南洋和北洋学堂毕业生八十多人奔赴广西桂林。

1909年(宣统元年己酉)　40岁

永建全力创办并组训广西全省新军,成立新军一旅,并先后改良省军十余营。

继蔡锷、蒋尊簋(字百器,又名伯器)后,永建接任广西陆军小学堂总办。

8月,广西陆军讲武堂由龙州迁至南宁。

秋,广西巡抚张鸣岐直接向清廷皇帝呈文奏报,称:"据兵备处帮办候选郎中钮永建禀请销差前往德国,留学陆军专研究高等军学,请给官费等,情查各国军学日异月新,中国编练方始,研究高等军学者尚少,该郎中前在湖北兵备学堂毕业,两次赴日考察军事,于军学颇有心得,此次禀请赴德留学,请以五年为期,因系高级军官,与普通学生有别,学费每月给银三百两,另给治装费五百两,均有新军经费项下拨给,以资造就。"摄政王载沣对此件批复称:"该部知道。"(原件存中国第一历史档案馆)

12月,庄蕴宽因练军意见与张鸣岐不洽,遂辞职归里。

年底,张鸣岐奏报的批文刚下达,永建革命党身份暴露,再次遭清廷通缉。闻讯微服出奔,脱险后避难于香港。

是年,新军第九镇统制徐绍桢(字固卿)在南京玄武湖建造览胜楼。后来,永建题览胜楼联"虎踞龙蟠,今日中原大一统;山围水抱,是处名园小五洲"。

1910年(宣统二年庚戌)　41岁

年初,永建决意从香港流亡到德国。

是年,永建在柏林深入地考察德国的军事教育和新式武器,吸收现代军事技能。

永建与吴稚晖、蔡元培、李石曾、张静江等,参加欧洲同盟会。

期间,永建曾潜回广州。

1911年(宣统三年辛亥)　42岁

5月,在德国柏林,永建得知4月27日(农历三月二十九日)"广州起义"失败的消息,深为悲痛。

7月,永建启程回国,辗转赶到广州。

10月10日,武昌起义爆发,打响推翻清王朝统治的第一枪。

10月11日,永建抵达上海。

10月中旬,永建密切联络中国同盟会中部总会及光复会上海支部、上海商团公会等三股革命力量。介绍李燮和①与李英石②相识,促使联合发动武装起义。

10月下旬,永建每天晚上赴武昌路贞吉里上海商团公会会长李平书③寓所,与沈懋昭(字缦云)、吴馨(字怀疚)、王震(字一亭)、沈信卿(字恩孚)、朱葆康(字少屏)等讨论时局进展,密议起义方案。

11月1日夜,永建与陈英士④、李平书、吴馨、叶惠钧等根据武汉和南京信息,决定当机立断,改变行动方案,将原以"上海视南京举动"改为"上海先动,苏杭应之"。

11月3日,陈英士率众进攻江南制造局,却不幸被扣留。永建与李英石一起迅即组织援军,亲率敢死队解救。

钮永建在上海

11月4日,起义军占领上海县城,光复上海。

11月5日,永建从大局考虑,松江与苏州为上海左右翼,这两地不光复,上海必然孤立,故只身赶赴松江城组织起义。

11月6日晨,在松江城自治公所集议,宣布松江独立,成立松江军政分府。永建被推举为军政部长。永建随即创建松军干部学校和弁目营,组织起一支颇具规模的学生军,成为光复南京的军事力量。

11月7日,《民立报》刊登《陈其美(英士)就职通告》,并刊《沪军都督府人员名单》称:中华民国军政府沪军都督陈其美;军政部长钮永建,副部长李英石;参谋李燮和、陈汉卿、钮永建、章梓、李英石、王熙普、叶惠钧、黄鹰白、俞凤韶、杨兆鋆、沈翔云。

永建率部北上。为谋攻南京,依顾忠琛之计,走访宁绍轮船公司老板虞洽卿(名和德,字洽卿,人称阿德哥),商请立借到十五万元支票,向汇丰银行兑现后,交给新军第九镇统制徐绍桢,会同营管带林述庆(字颂亭)策动集合旧部,宣布镇江光复。

苏沪浙起义联军建立。

12月2日,起义联军攻克南京。

12月初,孙中山先生检阅松江学生军,并留影纪念。

12月12日,十四省代表齐集南京开会。会议任命钮永建、温宗尧(字钦甫)、王宠惠(字亮畴)、汪兆铭(字季新,号精卫)为革命军全权代表伍廷芳的参赞,与清廷全权代表唐绍仪交涉(史称"南北和谈"、"南北议和")。

12月18日起,"南北和谈"在上海英租界议事厅进行,永建全程参加。到月底,共进行五次会谈。

12月25日,永建到十六铺码头,迎接孙中山先生自法国经香港抵达上海。

12月26日至12月30日，永建与陈英士、王宠惠、汪兆铭、于右任等革命党领导人和立宪派人张謇、赵凤昌等人，在《神州日报》上以"共和统一会"的名义，发表《共和统一会意见书》。

12月26日，孙中山先生召集同盟会干部会议，在会上被推举为中华民国总统候选人。

12月29日，永建在汇中旅馆向孙中山先生报告"南北和谈"情况。

12月30日，孙中山先生决定中止"南北议和"谈判。

① 李燮和(1873～1927)，字柱中，号铁仙，湖南省安仁县人。先后加入华兴会、光复会、同盟会等革命团体。光复会成立后任南部执行委员，代总部行事。
② 李英石(1882～1933)，名显谟，以字行，闵行镇人。1902年入南京陆师学堂。毕业后赴日本振武学校，因参与日本成城学校自费学生抗议事件回国。1907年，转入日本陆军士官学校第六期骑兵科。时任上海商团临时总司令。
③ 李平书(1854～1927)，初名安曾，更名钟珏，号瑟斋，江苏苏州人。首倡清末上海地方自治运动。1908年任南市商团公会会长。次年任上海城厢内外自治公所(原城厢内外总工程局)总董。
④ 陈英士(1878～1916)，字其美，浙江吴兴人。近代民主革命志士，上海青帮代表人物。

1912年(民国元年壬子)　43岁

1月1日，上午，孙中山先生由上海赴南京就职，在上海车站出发时受到各界群众万余人的热烈欢送。永建随行。李英石任孙中山先生警卫队长。

当晚，孙中山先生宣誓就任临时大总统，宣布中华民国成立。

1月3日，南京临时政府成立。

1月7日，孙中山先生任命黄兴兼临时政府参谋本部参谋总长。

永建为参谋次长。①

1月11日，因黄兴出任北伐军陆军参谋长，永建代其行参谋本部总长职务。

2月13日，袁世凯宣布赞成共和，孙中山向参议院提出辞去临时大总统职务。

2月15日，参议院选举袁世凯为第二任临时大总统。

2月18日，永建与蔡元培、汪兆铭、刘冠雄，魏宸组等八人奉派为"欢迎专使"，偕同唐绍仪赴北京迎袁世凯南下就职。

2月25日，永建随欢迎专使团抵达北京。

2月27日，迎袁南下专使团成员在北京迎宾馆合影。

2月29日，永建出席袁世凯的欢迎茶会。当晚，袁世凯指使曹锟"兵变"，专使团寓所遭劫掠。永建等越墙至美国人格林家，暂避一夜。

3月1日，永建赴六国饭店暂住。

3月2日，专使团决定返回南京。永建提出分三路北伐讨袁计划，遭到反对。

3月5日，永建与宋教仁、王正廷等偕袁世凯特派员乘京奉火车出京。

3月7日，永建搭太古轮自奉天省出发返沪。

3月9日，永建抵达上海，即赴南京报告北方形势。

3月14日，永建出席黄兴在上海张园发起的为遇刺好友吴禄贞烈士公祭的活动。

4月1日，孙中山先生在参议院正式宣布让位于袁世凯，与内阁成员合影留念。永建随同解职。

4月，永建改任北京总统府军事顾问。

1912年2月钮永建在北京

6月30日,中国同盟会上海支部召开夏季常务会,永建出席,并与孙中山、黄兴等及日本朋友合影留念。

7月4日(农历五月十二日),永建原配夫人徐惠容因肺病在松江城西寓所逝世,年仅四十六岁。

7月31日,永建为徐惠容发丧。

8月2日,徐惠容安葬在马桥青登村。永建亲笔撰写墓志铭,特意写道:"时清政不纲,国势大緃。余常奔走四方,谋以武力改良国家。凡族党交际、子女教育与大家庭琐务,咸以委之,夫人莫不定夺而处理之裕如焉。迨壬寅间,余与江浙间志士组织紫冈学舍,时贤代出。夫人严治庶务,亲就饮粟,晨夜不遑休息,以佐其成。光复之际,余有预焉,然遂以积劳太过,不永其年。悲夫!当民国既造之际,夫人已病甚,余以非才肩重任,常处中枢,偶一谒参,夫人谏促之,出曰:毋以我故误国事。当其弥留之际,余自燕都南归,犹促余外出,曰:毋以病妻为念。观夫人生平,恒舍己以成所志,与余相处十九年,尽一己之艰耳。"

8月16日，永建作为参谋陪随孙中山先生北上，与袁世凯展开面对面的斗争。

8月25日，永建随孙中山先生赴湖广会馆出席国民党成立大会，被推选为名誉参议。

11月26日，永建被北京政府授予陆军中将。

此后，永建与吴稚晖一起遨游西北、内蒙古、新疆等地。

① 同盟会确定"总长取名，次长取实"原则。参谋本部主要任务为提出六路北伐计划和筹备军事装备。按照孙中山先生的指示，总统府卫队由松江学生军担当。

1913年（民国二年癸丑） 44岁

2月2日，永建由北京返回上海。

2月，永建结识美国传教士步惠廉牧师(1854～1947)，接受上海美以美会（基督新教宗派）江长川会督施洗，加入基督教。

3月25日，孙中山先生与钮永建、黄兴、居正等在上海同孚路（今石门一路）21号黄兴寓所密商宋教仁被刺之对策。

3月，经好友殷石笙介绍，永建与中西女塾教师黄梅仙①在松江教会慕卫堂举行婚礼。

4月15日，广州国民党广东支部《民谊》杂志第六号刊发有关钮永建办理"边防意见"一文的报道。

7月8日，袁世凯窃据中华民国临时大总统后，图谋复辟帝制。

7月15日，黄兴在南京宣布独立，委永建出任江苏讨袁军总司令。

7月16日，永建匆匆赶到松江调集部队。

7月17日，永建任松军总司令。应陈英士借调，永建派兵团长何嘉禄部约三千人(步兵二营、水师三营)开往上海。

7月18日,上海宣布独立。永建被任命为苏沪讨袁联军总司令(后由陈英士接任,改任上海讨袁军总参谋长)。

松江宣布独立,永建被推为司令,统率保安水师营和新兵一营。

7月23日,凌晨,永建与刘福彪等率部分路向江南制造局发动进攻。由于驻守的袁军筑有坚固工事,火炮亦多,沪军虽日夜猛攻,终不能克。

7月24日,晚上,永建又率部沿铁路佯攻江南制造局,战事极为猛烈,直到25日晨。

7月25日起,永建继续率部分三路(龙华、湖南会馆、陆家浜)昼夜轮番进攻,因守军有海军大炮掩护,未能攻克。

7月28日,下午三时半,永建亲率松江讨袁军先锋营再次攻击江南制造局。

7月29日,深夜二时起,由于守军连续炮击,讨袁军只得渐退,战斗至凌晨方停。

8月3日,永建率部退到七宝镇,转向宝山地区。途中,察觉刘福彪部企图投敌,将该部缴械,实力大减。

8月4日,袁世凯命江苏都督程德全拿办钮永建等。

8月4日起,永建与吴淞要塞司令居正②率军坚守吴淞炮台要塞,发表通告坚守吴淞电,称:"吴淞江为长江门户,一进一退,均关系两军强弱。正等以百死之身,率诸健儿守此要塞,身可毁而志不可夺,家可破而气不可馁。"

永建率吴淞炮台守军奋勇还击袁世凯军队舰船,重创其旗舰"海圻"号。

8月13日,袁世凯军队水陆夹击吴淞炮台。终因寡不敌众,孤立无援,永建率部接受红十字会调停,下令放弃炮台,退往嘉定。

8月18日,永建率部从嘉定退至太仓,即解散部队。

8月25日,《民立报》刊出居正的《嘉定军中与诸同志书》,分析反袁斗争失败的真正原因,如实介绍钮永建作为总司令的实际行动:"况此次与仆共生死者,皆具有百折不回之志。如总司令钮先生,尤吾辈所奉为圭臬者乎。夫以钮先生之学问道德,为中国一般人士所崇拜,不待仆之赘辞。然仆亲承教者旬有余,其在军中,口讲指画,无一不与古名将相吻合。吾国长此终古则已,一旦有事,仆敢谓中国之能将将、将兵者,舍钮先生莫属也。"

9月15日,永建被袁世凯指定为"一等犯"通缉,被迫离沪逃亡日本。

10月15日,北京政府总警察厅厅长罗元干通电各省都督,悬赏通缉"二次革命"的重要人物七十余人,称陈英士、钮永建为"守沪之乱首魁"。

12月11日,上海镇守使郑汝成转饬警察厅开列赏格,拿获黄兴为十万元,陈英士为五万元,钮永建、李烈钧等为二万元。

此后,永建化名"林耕"、"林天心",与夫人黄梅仙留居东京近半年,陈惟俭(字廉斋,浙江平湖人)随行,与戴传贤(字季陶,笔名天仇)、马素(字绘斋,曾是孙中山在上海的私人秘书)同住。后推荐钱大钧赴日相随。期间,孙中山、黄兴、陈英士不时到永建寓所会晤。

① 黄梅仙(1883～1970),江西九江人。松江女子师范学校毕业。
② 居正(1876～1951),原名之骏,字觉生,号梅川,湖北省广济(今武穴)县人。1905年赴日本入法政大学,加入中国同盟会。1910年与宋教仁等筹设中部同盟会,谋划在长江流域发动起义。1912年任南京临时国民政府内政部次长。

1914年（民国三年甲寅） 45岁

年初，孙中山先生在日本筹建中华革命党①，永建参与其事。

3月7日起，永建从日本乘船远避美国，访林森（字子超）。又转道抵英国伦敦，与吴稚晖相会，同游荷兰。

5月12日，松江镇守使杨善德捕杀钮永建部下原讨袁军青年学生数十人。

7月8日，中华革命党在日本东京筑地精养轩宣告成立。

8月13日，"欧事研究会"②在东京成立。永建被吸收为会员。

在旅途中，永建给吴稚晖发出一信，专谈欧事研究会事，再次表明自己的志向。此前他曾致信某君坦露心迹，称："转战弥月，阵地中常雨餐露宿，顽癣大发，来东（京）后得温泉浴，已全愈，还我清白身体。虽然我同袍之士，流落散离。既不能携之成大功业，复不能救围困。仆一人健在，亦何为乎！以是可以知余心之戚也。"

9月1日，孙中山先生公布《中华革命党宣言》，列钮永建为筹备委员，并加盟为党员。

---

① 中华革命党：中国国民党前身。孙中山先生为推翻袁世凯专制独裁统治、建立真正的民主共和国而成立的资产阶级政党。

② 欧事研究会：以黄兴为精神领袖，参加者共一百余人，主要人物还有李烈钧、李根源、熊克武、陈炯明、邹鲁、程潜、陈独秀、沈钧儒、谷钟秀、张耀曾等。时值第一次世界大战爆发，宣言研究欧事。

1915年（民国四年乙卯） 46岁

1月，永建在伦敦，游利物浦，再去巴黎。

2月25日，黄兴、钮永建、陈炯明、柏文蔚、李烈钧等五人在北京、上海报纸发布联名通电，斥责袁世凯专制独裁，表明对内对外态度。文中指出："一族以内之事，纵为万恶，亦惟族人自董理之。倚赖他族，国必不保。"他们反对借助外力进行革命，提出暂时停止革命活动，以免妨碍袁世凯之对日外交，希望以此为条件，联合共同对外。

2月28日，永建在纽约第二次救国大会上呼吁："一、全国人民，不论何党何派，应协力一致为政府之后援，俾政府得以全力为对日之交涉；二、我民党中人，亦勿于此对日期内为掣肘政府之动作，且当善劝国民实行右第一项之义务。"

春，永建专访正在美国费城的黄兴，促其回国谋党内团结。（此事据永建在为《黄兴信函》题跋文中写道："民四春间，以帝制渐露，由英伦道美洲，特访克强于费城，有所计划。克强以民党分裂，宜速筹和解，嘱永建急回国挽救，并赠美金三百，促之行。翌日，永建遂首途纽约桑港，迭与林子超、冯自由商党内调和事。"）

3月5日，永建出席纽约华人集会，演说救亡要策。纽约出版的《民国公报》于次日刊发新闻，介绍其演说要点和听众反响，称其为"堂堂正正的革命党中的健将军"。

5月，永建在纽约游历各大学，访知名留学生，宣传革命大旨。

5月1日，国民党演说会在华埠丽蝉戏院举行，到会三千多人，并列队游行。永建即席发表长篇演讲，呼吁海内外华人同仇敌忾，"舍死以救亡"，认为"天下事总在人为，而国家之事，尤在各人民各尽其力，方能有济；若有一人不尽力，即国家失去一分力量"。

5月3日，旧金山《少年中国晨报》刊发相关报道和演说词，称"钮将军将国民对于中日交涉案之救亡方法及国民党救国的宗旨，详细发挥，听众无不动容，一语一击掌"。

5月10日,永建参加革命党美洲总支部召开的欢迎大会,发表演说。

5月15日,永建搭满洲轮离开旧金山,经过檀香山回国。

5月21日,黄兴、钮永建、李烈钧、陈炯明、柏文蔚、林虎(字隐青)、熊克武、程潜、李根源等十七人联名通电,斥责袁世凯置国家利益于不顾,于5月9日接受辱国丧权的"二十一条"修正案。通电指出:"当此举国听命,内讧尽熄之时,政府膺四亿同胞付托之重,一味屈让,罔识其它,条约既成,国命以绝。……今兹结果,实由吾国自始无死拒之心,而当局尤有不能死拒之势。"电文向全国表明,欧事研究会再次向袁世凯公开宣战。

6月初,永建抵达日本神户,暂住须磨租屋。

9月19日至24日,永建与孙中山先生相会,多次商讨"团结各派,拥护共和,一致倒袁"之策。

10月10日,永建与陈独秀、章士钊、李根源、程潜、林虎等一起由日本返回上海。

10月,永建被公推为《中华新报》①总经理。

11月,欧事研究会分散在海外的各路人马聚集上海,重新制订了下一步的行动方针。

12月初,永建到达湖南。会湖南都督府高等顾问夏寿华(字卓春,号思痛)。

12月12日,袁世凯称帝,引起全国各地声讨。

12月25日,蔡锷等在云南率先举起"护国"旗帜,讨伐袁世凯,得到各地响应。

12月,永建与林虎分别冒险赴广西南宁,劝说在老家称病休养的军阀陆荣廷(字干卿)参加护国讨袁斗争。

永建由香港搭轮船到梧州后转南宁,到达南宁即与第一师长陈炳焜密谈。陈炳焜代表陆荣廷表示接受"海外同志对桂今日的要求",所虑者"龙济光冥顽,非以兵力平之不可"。为缜密计,陆荣廷请钮永建、林虎两人先回香港,并派曾其衡、雷殷随同到港,以便于相互之间的通信联络。随后,陆荣廷还下令"悬五万金购拿李根源、钮永建、林虎",以遮掩袁世凯的耳目。

12月下旬,永建返回香港。在港期间,得到华商张木欣(1881~1964,字荣庭,云南腾冲城关人)的鼎力资助。

12月底,永建由香港返回上海,策动长江各省接应讨袁事。

永建为《黄兴信函》一书题跋,回忆此次回国后的战斗历程:"永建遂于10月10日离东京回国。15日抵沪,则同人已先群集,拟就江浙起兵,被袁氏逆谋,属永建任其事。永建以表努力方张,力立由滇先发,桂次之,江浙又次之,如再无效,则以近畿同志从中起。同人然之。永建即乘轮之香港,遂至南宁说桂中诸当局出师,并陈下粤出湘之计。议既定,乃回香港。时方11月初,李君印泉、蔡君松坡、李君协和、熊君锦帆先后至,闻之甚喜。松坡、协和、锦帆赴滇,永建亦回沪,于舟中作书至费城报告克强。屈指计之,当在克强发此信前也(指1915年12月21日黄兴致张謇、汤寿潜、唐绍仪、伍廷芳的信)。既而诸计划均克实行,袁氏帝制竟以失败。"

① 中华新报:1915年10月10日在上海创刊,谷钟秀、杨永泰等主编。该报《发刊词》斥袁"于对外丧权辱国之后,乃为一姓之子孙帝王万世之谋,以二三近幸官僚之化身,悍然冒称国民之公意"。《中华新报》是欧事研究会反对帝制的喉舌,为全国讨袁阵营中第一家报纸。创刊之后,即同筹安会展开国体问题论战。

1916年(民国五年丙辰)　47岁

年初,永建四处筹集革命经费,获得原任江苏省官产处长的曾朴②、商务印书馆经理张元济、松江步惠廉牧师、时任驻朝鲜仁川领事的同乡金庆章等人士的鼎力支持。夫人黄梅仙也将首饰折价银元五百圆捐作革命经费。

永建以护国军驻沪军事代表的名义致电独立各省，开展反军阀斗争。

1月22日，《民国日报》在上海创办，邵力子、叶楚伧任主编，为中华革命党在国内的主要舆论阵地。

3月，永建邀请吴稚晖从英国归国担任《中华新报》主笔。

3月25日，《民国日报》刊载钮永建致执友某君的信。

4月20日，永建协助陈英士主持上海讨袁斗争。派何嘉禄由上海赴吴江策动水警宣布独立。

5月1日，永建等迎接孙中山先生自美国经日本返抵上海。

两广都司令部在广东肇庆成立，永建出任驻沪军事代表。

5月18日，陈英士在上海寓所遇刺殉难。永建受命和王庞惠筹办陈英士丧事。

6月6日，袁世凯在众叛亲离中愤恚病死。

6月16日，永建以护国军驻沪军事代表的身份发表通电《请恢复临时约法召集国会严惩帝制诸凶电》，提出"恢复旧约法(《临时约法》)、召集众参两院、依法组织内阁、惩治帝制祸首"等建议。

6月18日，永建与李平书联名致电黎元洪，要求将"废法、乱法、犯法之人"立予罢黜，付诸法庭。

7月17日，永建在张园参加茶话会，聆听孙中山先生讲话。

8月13日，永建与孙中山、黄兴等六十四人发起在上海霞飞路尚贤堂举行陈英士及癸丑以来诸烈士追悼大会。与冷遹、章梓、耿毅等联名发表《祭文》。

8月25日,永建致电黎元洪《请中央与岑春煊等接洽解决粤事电》。

8月26日,永建致电黎元洪《报告两广情势与岑陆会谈情形电》。

10月8日,永建获陆军少将加中将衔。

10月31日,永建获陆军中将衔。

黄兴在上海寓所病逝,永建参与经办丧事。

11月19日,永建担任政学会②副主席。

12月21日,永建出席黄兴追悼大会。

① 曾朴(1872～1935),别名朴华,字孟朴,笔名东亚病夫,著名出版家,撰有《孽海花》。当时正在上海处分旧县署基事务。
② 政学会:国民党分化后形成的重要政治派别。主席张耀曾(著名稳健派议员),副主席钮永建、李根源、谷钟秀,骨干多为原欧事研究会成员。

1917年(民国六年丁巳) 48岁

春,永建时常到上海法租界环龙路63号(今南昌路59号)孙中山寓所面见孙中山先生。

6月19日,孙中山先生通告中华革命党成员,近日张勋倡乱复辟清室,胁迫解散国会,救国需赖义师,希速行筹款,兴师讨逆护法,维持共和。

7月1日,张勋拥立溥仪复辟。当晚,孙中山先生召集要员商议对策,永建参加。

7月3日,永建参加党人在上海集会商讨对策。孙中山先生在会上发表演讲。

7月6日,永建乘"海琛号"启程赴广州。

9月1日,在广州举行的国会非常会议,推举孙中山先生为中华民国军政府海陆军大元帅。

9月10日，孙中山先生在广州就任中华民国军政府海陆军大元帅。

11月，永建奉孙中山先生电召南下襄助，带领一批得力学生，奔赴广州革命大本营，入住濠畔街。

是年，永建奉孙中山先生命令，接管十五营，派任为师长。

1918年（民国七年戊午）　49岁

1月20日，永建出任广州大元帅府参谋次长。

1月22日，永建向西南各省发出《钮永建建议西南成立统一机关密电》。

2月27日，永建在上海《民国日报》向西南各省发出《钮永建统筹兼顾之要电》，指出设立统一机关为时势所趋，"万难搁置，似未便再行拘泥"。

4月，永建兼任石井兵工厂①督办。委陆丕谟为卫队总教练官并第一连连长。

5月，广州军政府明令设置军事委员会，由各省军长官所派之军事代表组成，其职权为"建议军事上之计划及备政府之咨询，但关于各军之特别事宜，得由该军单独建议"。以李烈钧为委员长，邓铿、钮永建、李书城、林虎等二十六人为委员。

12月26日，永建突遭广西军阀指使的凶徒冷枪袭击，中一弹自臀部穿出，幸未伤要害，急送医院治疗。

12月28日，孙中山先生在上海闻讯后颇为忧念，发慰问电如下：

前日接新闻传说，执事在粤，猝遇凶徒，致受枪创，闻之深为骇愕。犹幸吉人天相，化险为夷，尚足相慰。惟粤为通都大邑,而奸宄横行,弁髦法纪,宜严惩凶党,以儆将来,并望勉事调治,以期速痊。出入戒慎,以防未然。临书悬念,藉颂痊祉。

孙　文

十二月二十八日

① 石井兵工厂:1885年由两广总督张之洞创办。后扩建制枪厂、制弹厂和无烟火药厂,率先仿制德国武器。1911年前,已成为华南地区最大的军火工厂。

1919年(民国八年己未)　50岁

1月,永建辞去军职,返沪疗养,在哈同路(今铜仁路)民厚里购置寓所。

4月,永建在广州为广州军政府参议朱镜宙(字铎民,浙江乐清虹桥人,章炳麟三女婿)赴新加坡题词:"南溟阳气多,大块留神奥;纠合诸民族,此去凭先觉。"

5月13日,"南北议和"破裂。

5月28日,孙中山先生发表《护法宣言》。

5月,永建常往孙中山先生住处议事,其正撰述《孙文学说》卷五《知难行易》(后编为《建国方略》之一《心理建设》)。

7月,永建协助夫人黄梅仙出任上海女界联合会会长。

10月10日,中华革命党改组为中国国民党。

永建兼任上海中西女塾①国文教员。为扩充大学校舍事,写信给名人募捐。

12月7日,永建在上海致函孙中山先生,议中西女塾扩建所需捐款事宜。

中山先生大鉴昨蒙
端饮领教良多欣佩兹启者敝
女三马路中西女塾女校长连女
士因扩充大学筹地甚急需款浩
繁欲玉
尊威劳捐输务恳方伏祈
酌量协助连女士因二三日内行当弹谒此布叩
大安

钮永建敬启 十二月七日

1919年钮永建致孙中山先生书信

是年，永建与徐谦②在上海基督教青年会开办"查经班"，宣传"基督救国"。

① 上海中西女塾：由美国基督教南卫理公会传教士林乐知于1892年创办，首任校长为女传教士海淑德。校址在汉口路(今扬子饭店所在地)。学校英文名Mc.Tyeire(为纪念美国南方教会Mc.Tyeire主教)。1930年立案后改名中西女子中学。
② 徐谦(1871～1940)，字季龙，安徽歙县人。1917年，任广州军政府秘书长。时任天津《益世报》主编。

1920年(民国九年庚申)　51岁

5月16日，孙中山先生在上海国民党本部发表"要造成真正的中华民国"的演讲。永建等党人出席并座谈。

8月5日，永建出席孙中山先生为欢迎前驻华公使芮恩施为团长的美国议员团举办的欢迎会。

9月底，永建持孙中山先生亲笔书信，与徐谦同赴汉口，联络策动直系军阀将领冯玉祥，表达"一致从事革命工作"之意。冯玉祥大受鼓舞，当即表示："四万万五千万人民都把眼睛望着中山先生和他所领导的团体。"

11月4日、9日，永建出席孙中山先生召集的沪地国民党同志会议并作发言。讨论修改中国国民党总章及海外总支部章程，并听取孙中山先生为"训政"所作的解释讲演。

会后，永建赶赴河南信阳，对冯玉祥传达孙中山先生嘱望，称"北方革命非冯莫属"。

11月25日，永建到码头欢送孙中山先生偕伍廷芳、唐绍仪和宋庆龄等乘轮船离上海经香港赴广州。

12月11日，旅沪各省区自治联合会成立，永建被公推为干事。

1921年(民国十年辛酉)　52岁

4月7日,孙中山先生在广州召开的国会参众两院非常会议上当选,并于5月5日就任非常大总统。

5月,永建被孙中山先生委以江苏省长名义联络苏沪国民党人。永建回复称:以上海尚无部署,仅能先作些筹备呼应工作,容后就职。

1922年(民国十一年壬戌)　53岁

3月15日,中华民国各团体会议在上海成立,参加者有十余省代表,提出"改革内政,实行民治"的宗旨。

8月10日,孙中山先生因部下陈炯明叛变,被迫撤离广州避赴上海。

8月14日,永建到码头迎接孙中山先生从广州抵达上海。

9月4日,在哈同路(今铜仁路)民厚里寓所,永建召集有共产党人参加的会议,讨论时局问题。孙中山先生到会。

11月15日至16日,孙中山先生在上海召集各省党员五十九人,审议《中国国民党党务改进案》,推胡汉民、汪兆铭为宣言起草人。

1922年钮永建在上海

1923年(民国十二年癸亥)　54岁

1月1日,孙中山先生发表《中国国民党宣言》。次日又公布《党纲》《党章》。

1月11日,孙中山先生派廖仲恺在上海与国民党各省支部代表商谈改组国民党问题。

1月12日,共产国际作出《关于国共合作的决议》,明确指出国共合作的必要性。

1月26日,孙中山先生与苏联代表越飞联名发表"宣言"。孙中山先生发表《和平统一宣言》。

2月21日,孙中山先生离开上海赴广州,第三次建立革命政权,任海陆军大元帅,再次准备北伐。

2月28日,孙中山先生派胡汉民、孙洪伊、汪兆铭、徐谦驻上海,为办理和平统一代表。

此时,永建在上海直接参与有关工作,公开身份仍为中西女塾国文教员。

10月6日,上海六十余团体二千余人在天后宫集会,一致决议通电中外否认贿选总统曹锟。

1924年(民国十三年甲子)　55岁

6月16日,陆军军官学校(简称黄埔军校)在广州黄埔长洲岛上创办。

永建在上海主持秘密招生,保荐一批苏浙沪地区的有志青年前去学习,成了黄埔军校第一期学员。

10月23日,永建与徐谦促成冯玉祥率部发动了震惊全国的"北京政变",囚禁曹锟,推倒直系军阀政府。

10月25日,冯玉祥发出通电,邀请孙中山北上,共商国是,并提出召开由各实力派参加的和平会议,产生正式政府。

11月10日,孙中山发表《时局宣言》(即《北上宣言》)。

11月25日,永建与吴稚晖同乘"新铭轮"离沪。28日抵天津,次日到达北京,入住泰安栈。

12月1日,永建看望次女钮孈华,女婿沈奎侯(曾任南京河海工程学校校长、博士),时在交通部工作。

12月4日,永建与吴稚晖迁往北京公寓。

12月5日,永建前往天津火车站,以国民军代表身份迎接孙中山先生进京。

12月5日,永建返回北京,将孙中山先生病情告诉吴稚晖。

此后数日,永建在东安市场青云阁、中兴茶楼会见众好友。

12月24日,永建与吴稚晖、徐谦、李煜瀛(字石曾)至天泰山,访问冯玉祥及部下。永建赞叹冯玉祥"善理财"。

12月30日,夜,永建赴开封。

1925年(民国十四年乙丑) 56岁

1月8日,永建从开封返回北京。

1月10日起,永建被冯玉祥聘为"检阅使",由王海门旅长陪同到宣化、张家口、绥远等处检阅部队。

1月22日,永建从宣化返回北京。

1月,永建被孙中山任命为中央政治委员会委员。

3月12日,孙中山先生不幸逝世,永建随侍在侧。

3月19日,孙中山灵柩移置社稷坛。永建被列为党内重要同志二十四人之一,为第二组执绋守灵人员。

4月2日,孙中山灵柩移置香山碧云寺,永建亲往执绋送殡。

5月9日,永建与吴稚晖同赴广州,到黄埔军校访校长蒋介石,商谈徐州军事,并参观黄埔军校设施。

5月30日,"五卅运动"在上海爆发。一周内,形成全民反帝爱国运动。

秋,吴稚晖在北京建海外补习学校。永建时常往返于南京、上海、北京之间。

9月20日,永建随冯玉祥去张家口"新村"阅兵。

1926年(民国十五年丙寅) 57岁

3月12日,永建在北京故宫太和殿参加孙中山先生逝世一周年纪念活动。

4月15日,奉军和直鲁联军攻占北京。永建与吴稚晖化装混在难民中出城,乘火车至天津,搭轮船返回上海。

4月,永建被广州国民政府任命为中央政治会议秘书长,赴广州就职。

5月25日,永建参加以蒋介石、张静江、谭延闿名义召集的晚宴。

6月1日,蒋介石找钮永建谈话,议革命大势和计划。

6月4日,国民党中央执行委员会举行临时全体会议,通过迅行出师北伐案,并决定任命蒋介石为国民革命军总司令。

6月5日、7日,永建在张静江处,商量赴沪事。

6月某日,蒋介石问李宗仁关于国民革命军参谋长人选问题。李宗仁说:"钮永建先生应该最适当了。按资望,惕老是辛亥革命的元勋,总理的战友。论才干,惕老在护国护法诸役中俱膺要职,以干练闻名国内……而他本人又是长江流域人,当我军师次长江时,他的声望可能有极大的号召力。"蒋介石沉默片刻,说:"钮先生我另有借重。"

7月1日,国民政府军事委员会颁布北伐动员令。

7月9日,国民革命军誓师北伐。

7月14日,永建被委任为国民革命军总司令部总参议。

永建北上负责西北军联络工作。

9月4日,国民党中央政治会议根据吴稚晖、钮永建、叶楚伧三人的建议,决定成立江苏特务委员会①。

9月,永建奉命返回上海,主持国民党江苏特务委员会工作。在法租界环龙路志丰里(今南昌路148弄)5号设立秘密机关,以广州国民党中央驻沪特派员的身份,负责与共产党合作,策动上海武装起义。公开身份为中西女塾国文教员。杜月笙负责保护其安全。

10月10日,永建与浙江省长夏超谈判。约定脱离军阀孙传芳,归附国民政府,并向上海进军。

10月11日,永建与上海总工会代表汪寿华会晤,商谈上海形势。

10月16日,夏超正式接受国民革命军第十八军军长的任命,公开宣布浙江独立,并向上海进军。

10月17日,永建表示,要听从国民党上海市党部的统一指挥,依靠工人、学生的力量发动暴动。至此,国共合作发动第一次武装起义的方针正式确定。

10月23日,发动第一次武装起义。因夏超部队作战失利,起义准备不足，遭孙传芳部队的镇压而失败。

10月24日，上午，永建与共产党代表罗亦农、汪寿华会晤，商讨这次起义失败的经验教训。

10月28日，共产国际远东局委员与中共中央委员召开联席会议。共产国际远东局委员维经斯基、拉菲斯等和中共中央委员陈独秀、彭述之、罗亦农等出席会议。罗亦农叙述上海工人第一次武装起义的准备情况，指出整个准备工作的领导权掌握在钮永建手里。在还没有完全准备好的情况下，中央和上海区委作出了必须发动上海起义的决定。钮永建命令在10月23日早上六时发动起义，并说上海的部队将相助。可是钮永建的部队没有行动，起义没有发动起来。罗亦农指出这次失败教训：(1) 将来不指望资产阶级，自己要努力发挥领导作用；(2) 钮永建是典型的旧军人；(3) 学会了组织和准备军事发动。陈独秀认为，我们是希望举行人民起义，但钮永建把事情转到了搞纯军事发动。他认为，这次起义"失败的主要原因是资产阶级的怯懦和退却"。彭述之觉得，上海党组织还是希望举行人民起义，应当打消这种念头。他同意进行单纯的军事发动，但需要工人群众的积极参与。维经斯基不同意将资产阶级排除在起义之外，认为，"应当既面向军事发动，又面向工人和资产阶级的政治斗争"。拉菲斯指出：这次起义"在发动的整个准备工作中存在着极不协调的地方，许多派别参加斗争本身必然会导致失败"。陈独秀强调说："认为中国无产阶级是国民革命运动领导者的理论是完全正确的，但是在目前要运用这一理论没有客观条件。"他批评拉菲斯只谈上海，而不了解"中国是半殖民地国家，这里军事因素起着头等重要的作用。没有军事力量，无论在这里还是在湖南都不可能举行发动"。维经斯基认为，拉菲斯说得完全正确："每当危机尖锐化的时刻，我们就应当引导无产阶级去进行独立的斗争,以便使它发挥领导者的作用做好准备。"他的结论是:"应当这样来进行准备工作,要使整个无产阶级都被吸引到行将到来的斗争中。"罗亦农最后说:"我认为需要再一次强调,要意识到必须使无产阶级对行将到来的发动更加做好准备,这是上次斗争的教训之一。"

11月6日,永建与共产党代表罗亦农、汪寿华会晤,讨论上海暴动问题。仍被推为军事领袖。

11月20日,永建致吴稚晖函并转蒋介石和广州国民政府,告孙传芳正拟"联蒋拒奉"。

11月24日,蒋介石致电陈果夫,拨给钮永建和海军、上海分会款项。

12月17日,国民政府正式通告全国,政府由广州迁武汉。

12月30日,蒋介石致电张人杰、谭延闿、钮永建促江浙两党进行沪宁路罢工。

12月,永建与张之江(原为冯玉祥部下)、李景林等在南京创建武术研究所(后改名国术研究所),并倡议将"武术"称为"国术"。

① 江苏特务委员会:广州国民党中央为开展江苏及上海地区的工作而成立,钮永建、侯绍裘、吴稚晖、张静江、叶楚伧、何成浚、朱季洵等七人为委员(实际为钮、吴、侯、朱四人),以钮永建主其事。

1927年(民国十六年丁卯)　58岁

1月1日,蒋介石电催南昌总部陈果夫年内汇交钮永建洋二万元。

2月初,永建联络上海地方势力,抵制直鲁联军,并接受各方投诚。致电蒋介石,希望北伐军加速进军,并提出包抄上海和南京的计划。

2月3日,蒋介石致电殷汝耕(号亦农)转钮永建,沪宁路如未罢工,请从速罢工。又致电在上海的吴忠信面告钮永建,以后有事直接电告九江,且文电须守密。

2月18日,北伐军占领杭州,先头部队到达嘉兴。

2月19日,上海总工会发布总同盟罢工令。

2月20日,到达嘉兴的北伐军先头部队接到蒋介石命令,停止进军。蒋介石派邵元冲(时任国民党中央青年部部长、浙江省政治分会委员兼杭州市市长)访谈吴稚晖、钮永建,并传话。蒋介石指责钮永建"为C.P(即共产党)包围,做事无能力,其政治分会主席应撤销,结束一切"。

2月21日,中共上海区委决定组织市民暴动,成立"临时市民代表大会(国民革命的苏维埃)"。

晚上,永建与吴稚晖等与中共上海区委决定,将国民党江苏特务委员会、江苏省党部、上海特别市党部等合组联席会议,准备成立上海市政府。

2月22日,国民党中央政治会议在南昌通过决议,成立上海临时政治委员会,任命蔡元培、吴稚晖、钮永建、何应钦等为委员,以钮永建为主席。

上午,永建与吴稚晖、罗亦农及上海总工会、上海学联、商会等各方代表再次召开会议,会议决定"早则明晚,至迟则后日下午,应有举动,届时再集议"。

下午四时,中共上海区委发出紧急通告,宣布"上海市民临时革命委员会今早十二时正式成立",并通知下午六时动员暴动。

下午五时半,罗亦农、汪寿华代表上海区委将起义计划通知钮永建,要求他签署命令。永建问:"何以午前不早言?"经罗、汪说明,永建最终还是签署了命令。

六时半,海军两艘军舰盲目发炮以示起义。随后,各区并未按计划行动,第二次起义失败。

夜十时,陈独秀起草致吴稚晖函,意在解除吴稚晖、钮永建的疑虑,维系国共合作。

2月24日,中共领导人瞿秋白拟就《上海二·二二暴动后之政策及工作计划意见书》,指出在策略上与钮永建保持联络,又有防范。

2月25日,南昌国民党中央政治会议与武汉中央临时联席会议的对立进一步公开化。

2月25、27日,永建与罗亦农、汪寿华商谈第二次起义失败事,不同意再搞工人武装暴动,主张"和平策动"。

2月27日,上午,邵元冲再次访谈吴稚晖、钮永建,传达蒋介石旨意。

2月28日,永建策反直系军阀上海防守司令李宝章归降,蒋介石委李宝章为第十八军军长。

3月2日,永建与汪寿华商谈。

3月4日,上海总工会召开工会代表大会。通过第二次总同盟罢工案。

3月5日,永建与吴稚晖、杨杏佛一起,约罗亦农、汪寿华商谈。对"起义"表示异议,认为"松江已下,这样的暴动就无对象","不要徒然牺牲"。后同意筹备民选的市民政府和筹委会委员名单,并同意负责军事及担任临时市政府成立大会主席。

是日,中共上海区委召开各党团书记会议,指出"与国民党争斗已开始","根本出路在谁有群众"。

3月6日,夜,陈独秀、罗亦农约吴稚晖在永建处商谈。沟通中,陈独秀关于"二十年在中国实行列宁式共产主义"的说法,引起双方争议。永建先走。

3月10日至17日,在汉口召开的国民党第二届中央执行委员会第三次全体会议上,永建以十六票当选中央委员。

3月11日,永建与汪寿华会晤。

是日,国民党二届三次全会继续,永建被推选为国民政府委员。

3月12日,上海各团体举行临时市民代表大会,选举产生临时执行委员会。提出组织市民代表会议。下午,上海第一次临时市民代表会议召开,永建被选举为三十一名市民代表会议执行委员之首。

3月14日,永建策动北洋舰队总司令杨树庄在上海集中全国海军,宣布易帜为国民革命军海军。

3月15日,陈独秀致函吴稚晖、钮永建,建议紧急发展十五万国民党党员。

3月16日,吴稚晖致函蒋介石称:"沪事复杂,半年以来,赖钮永建之明允笃诚,得以坐镇宁息,殊为不易。将来繁剧之局,为驾轻就熟,洵非钮永建莫能胜任,且愿竭驽骀而协赞。"

3月18日,永建与汪寿华会晤,称蒋介石已决定要吴稚晖担任政治分会主席,让他结束一切,推与吴稚晖会晤。一再向汪寿华诉说自己"一生做事,半生在通缉中,此次当初很顺利,不料又来这次打击"。决意退出此次军事行动。(据上海市档案馆保存的有关档案)

3月19日,永建致电蒋介石,提出辞职。全文如下:

介石总司令钧鉴:

　　本日得确报,党军已抵松江,不日上海即可解决。建驻沪任务已终结,应即停止进行。亟办收束,藉清界限。自下星期一(3月21日)起,所有军务接洽事宜,应由何、白两总指挥直接办理,其江苏特务事宜,应由上海政治分会正式建设办理。建身涉嫌疑,所有政治、军事,自应暂免参加,免滋贻误。自去年九月以来,经手事件及出入款项,异常复杂,拟闭门谢客,从事清理。俟有眉目,即当西上报告,敬领训诲。除电陈外,合行函报。

肃即勋安。

钮永建　谨上
十六、三、十九,上海发

是日,中共上海区委召开会议研究第二次总同盟罢工和第三次武装暴动问题。

3月21日,晨,中共上海区委发出举行第三次武装起义的指令。起义激战两天一夜。

当天《申报》刊登《钮永建函蒋辞职》。

3月22日,上午,第二次上海市民代表会议在九亩地新舞台召开,宣布上海特别市临时政府成立,推选钮永建等十九人担任临时市政府委员,规定全市最高权力机关为上海特别市市民代表会议,代表会议产生的政府隶属于国民政府。

是日,永建被国民党南昌政治会议确定为上海市政治委员会主席。

是日,《申报》刊发钮永建《公函各界新警厅长邹竞接事》。

是日,电通社报道:"钮永建袭领闸北各警署之举,蒋中正认为手段适宜,已委钮任临时警备之责。"

是日,蒋介石致电白崇禧转钮永建请即命驾来宁襄理。

3月23日,上海临时市政府迁入蓬莱路上海县署办公。到会委员十三人（钮永建、白崇禧等六人缺席），推钮永建、白崇禧、杨杏佛、王晓籁、汪寿华等五人为上海市临时政府常委。

3月24日，武汉国民党中央执行委员会电告上海市党部，承认上海市民大会为上海市民正式代表机关，承认由市民代表会议选举产生的市政府委员会。

3月25日，《申报》刊发钮永建《致市党部辞市委员职》报道。《民国日报》转载《钮永建函蒋辞职》全文。

3月26日，蒋介石抵达上海。永建意为上海党政军各机关均已接收成立，责有所归，坚辞上海政治分会主席。

3月28日，《申报》头版刊发《钮永建启事》云："鄙人业已请假休养，无论何事概不闻问。公私团体如列贱名亦不负责。凡军事政治各问题，请直向蒋总司令、白总指挥接洽为荷。"

3月29日，上海市民政府正式成立。武汉国民政府任命钮永建为淞沪防卫总司令。

3月30日，蒋介石要求武汉国民政府委派钮永建担任新编第七军军长。而武汉国民政府任命钮永建为安徽、浙江视察财政专员。

4月8日，永建被蒋介石指派列名为上海临时政治委员会成员。

4月18日，南京国民政府成立。永建出任首任南京国民政府秘书长，并任中央会议委员兼秘书长，又兼任新编第七军军长。

4月18日，永建赴南京。

4月23日，江苏省财政委员会成立，上海设总会，南京设分会。南京分会由钮永建、陈光法主持。

4月26日，南京国民政府任命钮永建为江苏省政务委员会委员，兼民政厅厅长，并命何应钦等为政务委员兼各厅厅长，行文则以江苏省政府常务委员钮永建、高鲁、陈和铣、何玉书、叶楚伧五人署名行之。

4月27日，南京中央政治委员会议任命钮永建为法制委员会委员。

4月28日，永建召集江苏省政务委员会委员，在铁汤池丁家花园召开筹备会议，决议就职日期和办公地点。

5月2日，永建赴国府大礼堂出席江苏省政务委员会成立典礼，并合影留念。

5月8日，永建致电蒋介石，转呈孙传芳密告其军，我方军力不足，令各军团集军力决心决战，将敌击溃。

5月19日至23日，永建赴徐州参加军事会议，决定继续北伐。

6月3日，永建等五人，奉命改组江苏省党部。

6月13日，永建出席国民政府秘书长及秘书处就职典礼，并合影留念。

6月20日，永建在徐州参加军事会议，会商同武汉合作及北伐问题。

7月6日，永建被推选为军事委员会委员(共十六人)。

7月18日，永建与胡汉民、吴稚晖联名复电冯玉祥，要冯转告汪精卫，停止东征。

8月13日，蒋介石在内部矛盾逼迫下通电宣布下野，南京国民政府不少政要也纷纷离去。永建留守江苏省并主持中枢大政。

8月25日，永建致电蒋介石称孙传芳封闭浙江党部是为了取好英国、日本。

8月25日，永建致电请中央与岑春煊等接洽解决粤事。

8月26日，永建致电报告两广情势与岑、陆会谈情形。

8月26日至31日，军阀孙传芳部队乘虚进攻南京。永建留守南京，与李烈钧协调各军，在龙潭、栖霞抵抗孙传芳部队，取得龙潭大捷。击退孙传芳军后，又致力抚辑流亡，恢复地方秩序。

8月，永建侄女钮恂言在沈钧儒的支持下创办上海女子审美学校（简称审美女中），聘钮永建、吴稚晖等为校董。

9月1日，永建在江苏省市机关、团体代表联席会议作演说。

9月21日，永建辞去南京国民政府秘书长职务。

9月，永建任国民党中央特别委员会委员。

10月7日，永建由郑州赴石家庄。

10月28日，南京国民政府通过江苏省政府改组案，指定钮永建为省政府委员会主席。

是日，永建陪同谭延闿抵达上海。

11月3日，江苏省政府委员会正式成立，委员宣誓就职。

12月，永建在苏州阊门创办江苏民众教育学院。

1928年（民国十七年戊辰）　59岁

1月2日，永建辞新编第七军军长职（该军未组成）。

1月15日，永建在南京致函吴稚晖，信中称："昨以病回沪就医。""此病头微痛，左右颊血不仁，左目及左唇甚至不能动，咳吐语言皆不便，舌左边觉微麻。未知世识偏中风者果何若，抑或脑炎之轻者耶，果为偏中风也，弟必辞去本兼各职，生平无德而居名，无功而窃位，无劳而食厚禄，决不贻党国，自当恭受天之罚。行年既已六十矣，回家送老为侥幸。"

1月23日，永建等致电蒋介石，贺其复行职权则北伐完成有日。

永建致电蒋介石,报告叶挺在江西与唐生智、张发奎等部冲突,查叶挺前派妻来称允作内应等情况,请派兵赴江西相机办理。

3月12日,永建在南京参加植树节活动,并留影。

3月,永建与张之江在第128次政治会议席上提出"实行信仰自由,取消反宗教口号案"。中央执行委员会秘书处,并国民政府复函准之。

5月2日,蒋介石致电钮永建等,要求在8月底之前完成江浙皖省户口第一期调查。

5月7日,江苏省政府举行第50次纪念周,永建发表演讲,就3日发生的"济南惨案"对侵华日军罪行表达极大的愤慨。

5月28日,永建出席江苏省政府第63次会议。

5月,永建撰《陆丕谟、姚士雄、何嘉禄、徐上致四烈士事略》。由朱天梵书,曹浩镌石于金山县朱泾镇(1937年冬日军入侵时毁)。

7月1日,江苏省国术馆在南京成立,永建任馆长兼董事长,钱佐伊为副馆长。聘武术大师孙福全(字禄堂)为教务长。后永建特为重印其武学著作撰写序言,称:"技击之道,废之久矣,明清以来,古诀昧焉,虽偶有名手,然势法功技,意气神形,未逮古真,难复其光,如此滥觞五百年。孙禄堂出,首揭内劲,独以形意八卦太极三家重铸鼎炉,融百家之术,合意气神形、势法功技为一体。孙氏浑灏深古,翻古出新,其艺兼陶古今,其术与道同符,故能光耀古真,技击中兴矣。故孙氏诚为五百年来中华技击第一人。余主政苏省时,开办国术馆,孙氏主持教务,孙氏立身处世,诚中形外,学识宏富,武艺绝伦,有古贤遗风,旷世之杰也。孙氏著述,无不以修身复性为旨,此次重印其学,宏扬其说,功莫大焉。"

7月28日,蒋介石致电永建称江苏省政府特务队长郭超等三人为中共党员,请速拿办。

8月,永建呈文国民政府,指出北洋政府颁布的《修正管理寺庙条例》已不合时宜,建议另颁新条例,称:"训政开始,社会积习急宜革除,现在处理寺庙财产争执,若照从前管理寺庙条例办理,不免与党国精神有所抵触,应另行颁订,以资遵守。"国民政府秘书处于8月30日将其呈文转交内政部参考。

9月1日,永建出席江苏省政府第122次会议。

9月6日,永建出席江苏省政府第125次会议。

9月7日,永建出席国民政府第92次会议。

9月19日,永建出席国民政府第95次会议。

10月26日,永建再度呈文国民政府,申明另颁管理寺庙条例的必要,并提出在新条例"未经颁布以前,管理寺庙条例是否继续有效"。

11月6日,国民政府通过江苏省政府第二次改组案,永建继任省政府委员会主席。

11月7日,蒋介石致电永建,要求详查前盐城劫案,询问溧水公安局长是否押解到京。

11月12日,永建在镇江出席江苏省政府委员就职仪式,合影留念。

11月,永建任立法院立法委员。

12月,永建创设"江苏训政人员训练所"(后发展为江苏训政学院),主张为政"清、慎、勤"。到校亲授《建国大纲》。

是年,永建在家乡俞塘创建私立强恕职业学校(半年后改名为"强恕园艺学校"),由黄梅仙兼任校长,为当时国内唯一培养园艺人才的中学。

1929年(民国十八年己巳)　60岁

1月,永建在无锡荣巷创办劳农学院,延聘高阳(字践四)为院长。又在无锡社桥头建造民众教育学院校舍,聘俞庆棠为校长。

永建被派为首都建设委员会委员。

2月18日,江苏省政府机关全部迁移至镇江,原都统衙署修葺为新省府。悉力扩整内部,成立水陆公安管理处,永建自兼处长;全省遍设民众教育馆,又在大港特设民众教育实验区;在焦山筹组江苏省通志委员会(后改称江苏省通志馆),聘请庄蕴宽为江苏通志编委会总纂;成立省教育经费管理处,自兼处长。

3月,永建专程巡视上海县。

3月5日,杨了公(名锡章,字至文,以号行)在沪寓病逝。永建撰《挽杨了公》诗:"忆昔识荆时,深渐国士知,黄垆同贺酒,白社许题诗,淞水怀君德,金溪是我师,棠阴与蒋径,踯躅共深悲。仙令凫飞去,文坛失典型,风栖五柳宅,云黯少微星,笔忆翔霄凤,尤存照读萤,却看天宰在,秉袭

1929年钮永建在江苏省政府

震余馨。"

3月18日(农历二月初八),永建在俞塘操办"六十大寿",当众宣布捐出宅基地、房屋,创办一所民众教育馆。

3月26日,永建向南京国民政府报告封闭励群书店执行情况。

4月,永建创设江苏省警官学校。

5月,永建任内政部禁烟委员会副委员长。

6月,"首都中央行政区"选址引发争议,永建与叶楚伧在呈国民政府的公函中,批评南京"市府在未付地价的情况下限期拆除民居,规定未免不合人情、太过急促,建议国民政府进行干预"。

是月,永建致函交通部,谈内河小轮管理问题(刊《交通公报》)。

7月27日,永建致函吴稚晖,称冒大雨回镇江,"病后体弱","昨今又略觉头痛,惊弓之鸟,殊然再发,故一切公事尚不敢放手去做"。

9月28日,永建训令上海县,宣布没收盛宣怀财产。

9月29日,应黄炎培之邀,永建参观太仓徐公桥村民秋季大会,并发表讲话,题为《改进地方自治与民众生计教育》。

10月5日,永建在江苏省立民众教育馆及劳农学院发表演讲,题为《中国全民教育的必要与民众教育学院学生的责任》。

10月,永建在讨论时提出《民众教育之注意点》。

是月,永建撰《故先锋团团长朱葆诚烈士纪念碑文》。

11月8日,永建在上海《申报》刊登《钮永建启事》,称:"敬启者本年十一月十六日为先父味三公、先母王太夫人树立百岁纪念碑,并创办民众教育馆于上海县第六区俞塘乡之墓次,亲朋赠送礼物概不敢受。如蒙不弃,敢代民众教育馆敬请诸公捐助建筑经费,共为民众谋幸福。将来馆舍落成,当恭志诸公芳名,泐石纪念,以垂不朽。此启。"

11月15日起,全国武术界高手云集杭州,隆重举行"国术大赛",

永建赴会观赛,被聘为大会顾问。

11月16日,永建为父母双亲立"百岁纪念碑"。

11月,永建与无锡教育学院院长高阳(字践四)书信交流,探讨实施民众教育的方法。

12月16日(农历十一月十六日),夫人黄梅仙在俞塘所建紫冈牧爱堂落成。集所收礼金(每人仅收银洋一圆,其余璧还)六千余元,自捐宅地六亩、房屋两间,购田三十三亩,造屋十二间,作俞塘民众教育馆创办经费。

是年,《江苏国术馆年刊》出版,永建作序。

是年,江苏吴县甪直保圣寺组织"保存唐塑委员会",永建由教育部聘为委员。

1930年(民国十九年庚午)　61岁

1月,永建以患"偏中风"为由,辞去江苏省政府委员兼主席职,获慰留。

3月9日,永建主持修订的俞塘钮氏族训及宗族公约由吴兴钮氏俞塘支宗族大会通过。

3月21日,永建被任命代理行政院内政部长。永建以难任巨艰为由,再三恳辞。

3月27日,永建辞职获准,暂回上海休养。

3月,永建任立法院军事委员会委员长。

5月11日,金陵大学《农林新报》第206期刊发永建《民众教育之注意点》一文。

5月,经永建紧张筹办,私立俞塘民众教育馆正式开放。馆设董事会,董事长为著名女教育家俞庆棠(字凤岐),董事有李云亭、江问渔(名恒源,字问渔)等十一人。永建亲自主持理事会,黄梅仙主持监事会,并聘无锡教育学院院长高阳(字践四)为馆长,钮长耀为副馆长。

6月5日,国民政府指令永建呈报代理行政院内政部长就职日期。

6月9日,永建出任内政部长,在政府大礼堂宣誓。

6月,《三民主义下之宗族组织》(又名《俞塘钮氏宗族组织》)一书初版问世。由南京国民政府立法院长胡汉民作序,行政院长谭延闿为之题署。永建在《族训》引言中称:"吴兴钮氏俞塘支,根据民族主义,谋为族人提高人格、充裕生计、健康身体、增进能力、改良家族。俾得生存及发展于此人类大竞争之世界,保持及发展我汉、晋以来千余年优秀之族望。公定族训,期以本支之努力,进而与吾钮氏全族,及中国全民族之大结合,以发挥我大中华之民族精神。凡我族人,务须切实奉行,自求多福。""族训"列出二十八条,其中有"提高人格"四条,"光裕生计"四条,"健康身体"四条,"增进能力"四条,"改良家族"十三条。

是月,《江苏革命博物馆月刊》1930年第六期出版,刊发永建《陆丕谟烈士传》《姚烈士士雄传》《何烈士嘉禄传》《徐烈士上致传》四文。

是月,永建免去江苏省国术馆馆长职务。

7月,永建在江苏省立教育学院社会教育暑期学校发表演讲,题为《民众教育机关应发起组织乡村经济委员会说明书》(后刊于1930年《教育与民众》杂志第2卷第1期)。

8月19日,永建赴上海,与许士英商筹赈款赈济津浦线战地。

8月,永建在江苏省立民众教育馆(由无锡民众教育学院和劳农学院合并)首次大会上发表演说,阐述社会教育的意义。以后一段时间内,每周必到校巡视,时常作演讲,间亦小住院中,与学员共同生活。

是日,永建在《教育与民众》杂志第 1 卷第 8 期刊发与高阳《关于实施民众教育方法上之讨论》。

8 月,在永建倡议下,江苏省政府有关部门会同上海县立农场创办俞塘模范农业推广区,后得到中央农业推广委员会资助。

9 月,永建奉命接任行政院内政部长兼立法院军事委员会委员长。

9 月 20 日,永建在俞塘村创建经济实体"农产运销兼营购买利用信用保证合作社"(简称俞塘合作社)。

10 月 10 日,胡棘团在胡公桥村民大会上代述永建《改进地方自治与民众生计教育》(后刊于 1931 年《教育与民众》杂志第 2 卷第 2 期)。

11 月 4 日,永建出席行政院第 93 次会议。

11 月 11 日,永建出席行政院第 94 次会议。

11 月 12 日,永建在南京出席中国国民党第三届中央执行委员会第四次全体会议。

11 月 24 日,永建辞去内政部长职务。

12 月 11 日,永建出任考试院铨叙部[①]第二任部长。

12 月 23 日,永建辞去禁烟会副委员长职务。

12 月,《江苏革命博物馆月刊》1930 年第十一、十二期出版,刊发永建《秦母侯太夫人诔辞》一文,述好友秦毓鎏(1880~1937,字晃甫,号效鲁,无锡人)事迹。

是年,永建在南京市中正街创办私立首都女子法学院,校董会成员有王宠惠、宋美龄等。

永建将 1892 年辑录的《孙琼集》补注成两卷,题序跋,印刷为"宗族丛刊"。

永建推荐钱桐(字孟材、孟禅,已娶永建侄女钮爱华为妻)担任内政部古物陈列所主任。

① 铨叙部:掌理全国公务员铨叙(按资历或劳绩核定官职的授予或升迁)及各机关人事机构的管理事项。

1931年(民国二十年辛未) 62岁

1月1日,永建在家乡参加俞塘民众教育馆举办的"首届民众同乐大会"。

1月10日,永建在南京出席立法院会议。

2月26日,永建《对于训政时期社会教育之意见》在江苏省立教育学院《教育与民众》月刊刊发。

3月5日,永建出席俞塘民众教育馆董事会①第三次董事会议,决议民众教育馆全称为私立俞塘民众教育馆,各项经费由创办人和董事捐助。

4月13日,永建在南京参加国府纪念周活动。

5月5日,国民会议在南京召开,永建为代表招待处招待员。

6月19日,永建在南京连日参加会议,决意请辞铨叙部部长之职,因会上不容细述,特致函考试院院长戴季陶,以书面形式具体陈述了引退的理由。

6月,长江中下游地区遭严重水灾。永建在南京发出"助赈征画"函,称:"苏省今岁水灾,近所未有。田庐漂浚,家室星散,极目千里,水天一色,鱼龙夜寂,野哭相闻,求日大难,死生莫卜,霜露未已,风雪待时,人非金石,其何以堪。适首都人士,有书画筹赈之议,拟附设江苏组,将以所获,惠彼灾黎,凤仰德惠旁流,行义高劭,耽乐术艺,海内宗仰,恩赐数纸,俾易钱米,思逾冬日,民不能忘。"

7月,永建在江苏省社会教育暑期讲习会上发表演讲,题为《实行全民训练之方法》。

7月15日,永建指导俞塘民众教育馆创办《俞塘》月刊。

7月18日,永建发表《训政时期之社会教育及对于现在教育事业之意见》一文。

8月,《新太极拳书》出版,发表永建题词"乃武乃文"。

秋,永建与沈兼士(浙江湖州人,中国语言文字学家、教育学家)谈话时,强调应重视"乡村建设"和"人才下乡"。

11月11日,国民党中央执委会临时会议闭幕,永建当选国民政府委员。

11月12日,永建参加在南京召开的国民党第四次全国代表大会。

11月,永建提交国民会议建议案,题为《建议实行全民教育由国民政府以法律规定全民就学制度以促进国家之富力强力文化及权能案》。

① 俞塘民众教育馆董事会:董事长俞庆棠,董事江问渔、李云亭等十一人。理事会理事钮永建,监事会监事黄梅仙。

1932年(民国二十一年壬申)　63岁

1月28日,日本军队突然袭击上海,强占闸北。驻淞沪十九路军奋起抗战。

1月30日,"一·二八"事变后,国民政府迁河南省洛阳为行都。

1月,永建续任国难会议议员。

2月6日,永建在国民政府纪念周作报告,题为《努力推进民众教育》。

2月26日,永建率铨叙部抵洛阳,办公处设在吕氏街18号。

2月,永建为江苏省立教育学院《教育与民众》月刊撰写文章《建立民众教育系统之刍见》。

3月11日,永建被选任为考试院①副院长,兼铨叙部部长。

4月7日至14日,永建出席洛阳国难会议。在洛阳,永建以私资修理洛阳周公庙、五贤祠等;设立"中原社会教育馆",聘陈大白为馆长;发起修建孤儿院。

4月23日,永建抵达北京,转赴洛阳。

4月27日,永建返回北京。

4月,永建在国民政府纪念周上作报告,题为《建设中的洛阳行都》。

5月25日,永建从洛阳返回北京。

5月,永建专心整理、研究有关吴兴钮氏的资料,校订《黄钮同宗谱》;《虞潭父忠殉国年岁考》完稿;又作松阳县令钮滔祖先的推测,撰订《钮氏源流新考》。

是月,永建出任考试院代理院长。

6月,永建辞去立法委员兼军事委员会委员长职务。

7月4日,永建抵达开封,与吴稚晖等同游嵩山。

7月初,永建公开呼吁迅速赈济上海难民。

7月11日,永建抵达北京,计划月底返回洛阳。

8月24日,永建出席中国社会教育社在杭州举行的第一届年会,被聘为主席团五成员之一。

8月,永建赴北京,前往香山碧云寺拜谒孙中山先生衣冠冢。

9月28日,永建与林森、陈公博等同车赴上海。

10月10日,上松公路开通,上松长途汽车有限公司成立,永建出任董事长。

10月,永建为《铨叙年鉴》题签并作序。

11月3日,永建抵达北京。

11月6日,永建与林森等同车赴洛阳。

11月,永建与戴季陶、吴稚晖等同游龙门;又与张继(字溥泉)等同游孟泽,至汉光武帝陵,归途中登汉明帝陵,游白马寺。

11月20日,永建次女钮孅华婿沈奎侯(南京河海工程学校校长、博士)病逝南京,颇为悲悼。

11月23日,考试院由洛阳迁回南京办公。

12月,永建与俞庆棠等发起成立中国社会教育社。

是年,永建在太湖马迹山(简称马山,古称夫椒山)雁门钮家祠堂创办私立夫椒小学校。

① 考试院:为国家最高考试机关,并且是人事行政最高主管机关。掌理考试、公务人员之铨叙、任免、考绩、级俸、升迁、保障、褒奖、抚恤、退休、养老等事项。

1933年(民国二十二年癸酉)　64岁

2月,永建参加南京国民政府教育部"民众教育专家会议",讨论"推行民众教育方案"。会议推选钮永建、梁漱溟、孟宪承、高践四、陈礼江等五人负责起草《民众教育在教育系统上的地位》草案。

是月,行政法规整理委员会召开首次会议,永建发表谈话。

3月3日,永建专任考试院副院长。

3月,永建卸任铨叙部部长。

4月24日,永建在国府纪念周发表讲演。

6月4日，永建与蔡元培、张静江、李石曾、黄炎培等在上海出席由吴稚晖主持的世界文化合作中国协会筹备委员会会议，并合影。

6月19日，永建在国府纪念周作报告。

6月21日，永建记"存留旌节坊表"之事，全文如下：

当民国定都南京之初，谈革新者惑于异说，以旧制旌奖妇女节操为不适于时代，亟欲革除以为快。永建主苏政时及代理内政部时，常有以此为言，且有主张尽堕历代旌节之坊表者。永建私窃以为凡一制度业经行之千年，成为民族特色，其中必有意义存，非于一国家生存上有重大之关系，不宜轻议存废。妇女之贞操固无取乎矫揉造作，然关系种化之进退，生理之强弱健病，实非细事。而当夫死子幼，或终鲜兄弟，堂上已濒老衰，生计又甚艰苦，此时家庭之绝续存亡间不容发。有一贞孝之女、贤节之妇为之坚持苦守，则将斩之嗣续赖以保存，否则上有贤祖宗之余荫无从绵延，下有佳子弟之挺生无从继起，损及国家，祸在民族，尚忍言乎？其关系之重大，实无异忠臣义士奋斗于国步艰难之际，使之转危为安，其应予纪念为何如也！彼程婴、杵臼存其故人之孤，历史播为美谈；而贞贤之妇女保存方衰之门祚，孤苦艰难什百于此，乃不为世所称，且从而毁之，果何理也？同人不以建所见为谬，其后异说亦渐息，贤节之旌表仍不见弃于时，亦从政数年来聊可自慰之一事。姜君玉笙为建二十年旧交，记在民七、八广州出席代表会，每讨论时事，精当平允，与会同人辄为心折。顷函致其长嫂吴夫人事实及呈请褒扬文件，属为文字以备家乘之采，用意甚盛。吴夫人所经历，乃即所谓历至艰之境，措将危之门祚于安宁者也。爰为之说以归之。中华民国二十二年六月二十一日上海，钮永建记。

6月，永建撰订《钮氏源流新考》，校印《黄钮同宗谱》。

7月，经永建同意，俞塘民众教育馆董事会呈请江苏省教育厅收归为公立。申请被批准，改为江苏省立俞塘民众教育馆，直属江苏省教育厅领导，任命钮长耀为馆长。

8月6日，永建自南京返上海，到俞塘。见圃内鲜桃已熟，特派专人将鲜桃及信送到吴稚晖住处，让其品尝，分享"俞塘园艺尚有成绩"。

8月，永建与梁漱溟、孟宪承、高践四、陈礼江等完成《社会本位的教育系统草案》。

9月，永建约集水产专家巡视杭州湾口、金山嘴、柘林、佘山、淀山湖一带水产事业。

钮永建与家人在俞塘

10月1日,永建在上海约集高践四、俞庆棠和水产专家,讨论筹建渔民民众教育馆,计划次年1月在金山嘴开办。

10月30日,中央国术馆举行国考闭幕礼,永建发表训词。

11月13日,上海辛亥光复之役功臣李英石(字显谟)病逝于闵行寓所。永建被推举为李英石治丧委员会成员,亲自酌定讣告内容,后又撰《陆军中将李君英石行述》(刊《辛亥革命史资料新编》第2卷)。

11月,永建为明代大科学家徐光启逝世三百周年纪念册题词:科学泰斗,新政南针,东方创化,万古永钦。

1934年(民国二十三年甲戌)　65岁

2月,永建在南京国民政府作报告,题为《国民本位之民众教育》。

3月,永建等请求国民政府,将上海县改为自治实验县。

5月7日,永建在中央国府两纪念周报告视察洛阳经过。

5月8日,永建在首都大戏院发表演讲,谈查禁烟赌娼三害。

5月14日起,永建与吴稚晖同游杭州、奉化。后与戴传贤(字季陶)、于右任(名伯循)至徽州,在戴震(字东原)读书处隆阜村祭祖,并参观东原图书馆。冒雨登黄山,游茅蓬、文殊院、天海、狮子林等名胜。又经屯溪、富阳返上海。

6月11日,永建为纪念武训诞辰九十五周年题词。

6月17日,省立俞塘民众教育馆召开社会教育研究会,钮永建、俞庆棠到会发表演讲,参加者有上海、南汇、川沙、奉贤、松江、金山、青浦、嘉定、宝山和太仓等十县教育局及五十九所社会教育机关。

7月2日,永建在中央纪念周强调国家征税要义为废除苛杂。

7月,永建为南洋公学校友郭介侯《史汉札记》一书作序,文中追忆在南洋公学时的生活。

8月17日,永建赴开封参加中国社会教育社第三届年会。

8月,《党务周报》第一卷第十九号出版,永建发表《全国考铨会议之概要及希望》一文。

9月17日,永建在中央纪念周报告参观各地社会教育情形。

9月,应江苏省教育厅厅长周佛海之邀,永建为《江苏教育》月刊"民众教育专号"撰写长文《民众教育推行上必要之条件》,明确提出民众教育"应先定致用之目标,而后就目标所应有之条件以施教育";"应以做为学与教的重心";"在施教中间应有注意于管理之必要";"必须于教育制度上根据全民训练之要旨,以统制的意义,行通盘的计划"。

10月9日,永建经北京赴山东省邹平县,参观梁漱溟创办的乡村研究院。

10月18日,永建经北京赴河北省定县,参观平民教育实施情形。认为定县平民教育发展迟缓原因主要是不能得政治辅助。

10月28日,永建在南京民众教育馆出席中国社会教育社第十次理事会会议,夫人黄梅仙列席。

1935年(民国二十四年乙亥) 66岁

1月14日,永建在国民政府纪念周作报告,题为《考试工作与全民训练》。

1月23日,永建列席国民政府会议。

2月,永建指导俞塘民众教育馆创办《社教通讯》杂志。

3月1日,永建亲迎吴稚晖到俞塘参观。

3月8日,上海县妇女新运促进会成立,黄梅仙任会长。

3月15日,《社教通讯》第一卷第二期出版,刊发永建演讲稿《民众教育推行上必要之条件》。

3月18日,永建在国民政府纪念会上作报告,题为《适应现代中国需要之政教合一》。

3月24日,钮永建、黄炎培、江问渔、姚惠泉、陶行知等发起在俞塘召开沪郊农村工作协会成立大会,共谋上海市郊的乡村建设大计。会议提出:沪郊各县环抱上海市,应当对准上海市场组织农业生产,使农民有利可图,从而稳定农村。在会上指出:"我们做事情,要从浅近做起,而眼光要远大。沪郊地位比其它地方重要,五洲万国人物都到上海来,万国的势力都在上海盘踞,所以是万恶的薮渊。我们在这里办这种事情,要看清是五洲万国为邻,各种事业应与之为比,应做出好榜样来。我们不去比,人家来比的。因此,我们不能不觉悟。"

4月初,永建赴武昌参加"教育专家讨论会议",多次发表讲话,题为《军国民教育》和《民众教育之方法》,追忆当年在湖北武备学堂时生活。

5月,永建在中央国府纪念周作《最近国际问题与中国应取之方针》报告。

5月,永建代理考试院院务,任典试委员会委员长。

6月起,永建将工资全部捐作充实考试院图书馆。

7月,永建参与发起建立中国卫生教育社,任理事。

上海市博物馆与上海通志馆联合各地藏家举办"上海文献展览会",聘永建为名誉副会长。

8月31日,永建撰写《考试院则例后序》。

9月16日,永建在江苏省乡镇长训练班上发表演讲,题为《乡镇长与民众教育》。

9月18日,永建在俞塘民众教育馆出席"小先生训练班"开学仪式,并发表讲话。

10月10日,永建赴无锡省立教育学院,出席全国乡村工作讨论会第三次年会。12日上午,发表演讲《教育国防》。

10月25日,俞塘民众教育馆又创办《海燕报》,每月二期,主编为李宗孟、张新夫,时称"沪郊十县唯一小报""民众业余的进修读品"。

10月30日,永建邀请俞塘民众教育馆同人四十多人在牧爱堂三余草堂聚餐观剧,并放映自摄的电影纪录片《俞塘》。

11月1日,永建主持南京、北平、西安、广州四地高等九类考试,因外交领事官的国际法试题把"国际地役"误为"国际地域",遂自请处分,罚俸一个月。后经国民党中央政治会议第四次会议讨论议决,试务处长陈大齐和典试委员会委员长钮永建各罚薪一个月。

11月29日,永建宣誓就职考试院院长,林森授印。

11月,永建为《金山县教育年报》创刊题词:金山位于大海之滨,当江浙之会。所谓教育国防者,应首宜注意于此。县教育局最努力于实施,成绩灿然,庶可纾中央筹海之忧乎。

秋,永建关注金山卫戚家墩古文化遗址考古活动,为田野考古调查报告《金山卫访古记纲要》题签。

12月,《社教通讯》第一卷第十期出版,刊发永建在国民政府纪念周演讲词全文,题为《对民众教育之观念》,明确提出社会教育与民众教育概念的异同,概括为"富的教育"、"强的教育"、"公民的教育",及其他预备或辅助的教育,以三民主义言之,富的教育即民生主义之教育,强的教育即民族主义之教育,公民教育即民权主义之教育。

是年,永建为民国《上海县志》题签。

永建书写秦锡田所撰《三林学校新建体育馆记》,全文近千字,碑立浦东三林学校。

1936年(民国二十五年丙子)　67岁

1月1日,中国民生教育学会成立,推举永建为会长。

1月14日,永建从上海赴香港。

2月4日,永建从香港返回上海,转赴南京。

2月,在全民抗战的大背景下,永建在上海出席中华职业教育社召集的"第十届专家会议"。

是月,因周佛海权重设障,俞塘民众教育馆《社教通讯》宣告将暂行"延期出版"。

4月30日,交通大学南京同学会(沪、平、唐)成立,永建与吴稚晖等担任监事。

5月,永建在松江公训师资养成所发表训词,题为《非常时期中公训人员应有的努力》。

6月,上海商务印书馆出版发行钮长耀根据俞塘实践编写的《合作社》一书。

7月7日,上海《申报》刊发报道《钮黄梅仙组织土产运销社》,称:黄梅仙女士有鉴于上海市县划分界域后生产落后于消费,沪县所生产的土产品如鲜鸡、鲜鸭、鲜鱼等农村副产品每天早晨由四五十里之外由乡民肩挑来沪供给消费,对于农民来说耗费时间、体力,极不经济,而对于鲜货价值、卫生等方面也有妨碍,所以组织土产运销社,置备汽车,用极低的价格来运输农产品,实现"调剂农村金融,平衡生产消费"。

是月,"庆祝虞洽卿先生七秩寿辰暨旅沪五十五年大会"在上海宁波同乡会会所大楼举行,各界名流五百多人到会。永建出席并作演讲。

8月30日,"吴越史地研究会"在上海八仙桥青年会召开成立大会,推举蔡元培为会长、钮永建和吴稚晖为副会长。

是月,永建为俞塘民众教育馆合作馆主办的《合作知识》题写刊名。

永建为林宗礼编纂《民众教育馆实施法》一书署签。

永建《考试院则例后序》在上海《新亚细亚》杂志第10卷第2期发表。

9月6日起,永建与夫人黄梅仙赴河南洛阳,并至武功县游渭惠渠,欲登太白山,因腹痛作罢。

在洛阳,永建视察民众教育工作,并发表演讲,题为《村单位强迫造产之中心组织》。

10月1日,永建在俞塘民众教育馆各机构联合纪念周集会上发表演讲,题为《我们应有而必要尽的责任》。

10月9日,永建返回南京。

10月12日,南京国民政府授钮永建一等采玉勋章。

10月14日,永建与居正等陪同考试院院长戴季陶宴请内蒙古地区藏传佛教活佛章嘉。

10月16日,永建夫妇在俞塘出席庆祝地方纪念活动。上午,集体谒味三公(钮世章)墓。下午,永建致训词。

是月,《社教通讯》重新复刊,刊发永建《村单位强迫造产之中心组织》文稿。

11月7日至9日,永建在俞塘参加民众教育馆第六届菊花大会活动。

钮永建夫妇在俞塘民众教育馆

11月25日上午,俞塘民众教育馆召开马桥救护队成立大会,黄梅仙任总队长。永建到会,并作训词(载《社教通讯》第二卷第四期、第八期)

12月12日,"西安事变"爆发,永建急赴南京出席国民党中常会及中央政治会议联席会议。

12月中旬,由钮长耀、陆盖编辑的《钮惕生先生民众教育言论集》交中华书局出版,内收钮永建的二十二篇文稿,并附录《江苏省立俞塘民众教育馆三民主义教育纲领》等资料。《社教通讯》特意对该书作了这样的介绍:"本书所辑,即先生平日对于民众教育所发表之言论,为实际之心得经验,极可宝贵之材料。其特点有五:(一)对国防中心教育,有精深之研究。(二)对于政教合一之理论与实际,有正确独到之见解。(三)对于国民经济建设,有精细切实之办法。(四)对于全民训练之方法,有实际之心得经验。(五)对于地方自治,有详细之规划与组织。"

1937年(民国二十六年丁丑)　68岁

1月,永建侄女钮长瑜在南京举行美术作品展览会。

2月12日,永建夫妇在俞塘冒雨出席第六届俞塘合作社社员大会。

2月15日,南京《新运导报》杂志第2期刊发永建在俞塘时演讲文稿《改进村容野貌之研究》。

3月2日,永建《改进村容野貌之研究》被重庆《中央日报》刊发。

3月21日,康生在中共海外报刊《救国时报》上发表纪念上海工人三次武装起义的文章,指责钮永建当时"按兵不动"。

4月4日(清明节)起,俞塘民众教育馆组织举办三天春季园游会,称"第一届俞塘桃花节"。

5月10日,永建《改进村容野貌之研究》被农林部中央农业实验所《农报旬刊》第4卷第13期转载。

6月7日,永建亲临金山县戚家墩强恕第二实验区,认为海滨是国防重地,更需要开发,筹划在这里建立海滨民众教育馆基地,并愿捐资建造纪念明代抗倭名将戚继光的大礼堂。

8月13日,日军进攻上海,淞沪战争爆发。

8月21日,永建赴西安,兼任考试院核定临时分区办事处处长。9月7日开始办公。旋因公回南京。

11月11日,上海县沦陷。

11月17日，永建又兼任铨叙部部长。次日率队乘轮船前往重庆。

11月23日，永建再次抵九江与蒋介石面谈。

11月，永建与吴稚晖、顾祝同等发起成立"救济失学失业青年委员会"，安置流亡青年，每周与会作精神讲话。

12月4日起，永建率考试院在重庆上清寺陶园办公。

1938年（民国二十七年戊寅） 69岁

1月1日，永建赴上清寺范庄出席中华民国开国纪念会。

2月28日，上午，永建以新任铨叙部部长身份参加宣誓就职典礼，并致答词。

3月29日，永建参加黄花岗先烈革命纪念会，并致祭烈士公墓。

4月18日，永建参加纪念建都南京十一周年活动。

5月23日，永建参加总理纪念周活动。

6月2日，永建与吴稚晖等同游陕西省汉中铜梁，参观中央陆军军官学校一分校。

6月22日，上海《文汇报》报道称："俞塘合作社址竟被日军改为营房，门窗、器具、货物不为日军拆毁即遭土匪抢劫。"

7月18日，《文汇报》刊登《俞塘钮永建住宅被占据》称："去冬该地沦陷后，日军将其门窗、粗重木料拆作烤火取暖之用，所有贵重器则强拉民夫为之搬运一空。所幸屋壳尚未拆毁，最近驻在马桥镇之日军，自知力量单薄，恐防华军偷袭无援，已将部队及马桥镇区治安会一并还驻钮宅，以资靠近北桥镇，可与日司令部相呼应，并搜索邻近居民所用什用器具，移充军用。月初，某地痞引是项日军至巨漕渡，将钮氏坟园屋及浮厝、树林等颠付诸祝融，并拘获匿居于坟园屋内之钮世英,押解至部,百端威讯其本地游击队之情形及所在地。"钮世英是永建族叔,时年四十岁,当月15日被日军"曳至城隍庙后面,就地斩决"。

8月8日,永建参加总理纪念周活动。

9月16日,永建与吴稚晖、叶楚伧等参加周佛海召集的"江苏放款支付办法"座谈会。

10月28日起,永建参加重庆国民参政会第二届大会。

11月12日,永建参加总理诞辰纪念礼活动。

11月29日,永建为解决儿子钮长德赴美国留学的学膳费用,致函中央银行业务局,求助办理汇款转存业务。

11月30日,《文汇报》报道:"上海县日军宣抚班长森三,近日强迫俞塘一带农民拆卸考试院副院长钮永建故宅,爱日堂正在动手拆除。其西俞塘省立合作社沿塘一带新建之房屋,不论草棚瓦屋,均于前日被纵火烧毁,现已成一片焦土。"

12月3日,《文汇报》报道:日军强迫俞塘农民拆除钮永建老宅和民众教育馆校舍,烧毁合作社新建的房屋,以致"景色幽美之俞塘,今已满目凄凉"。

12月6日,永建外出返回重庆,住上清寺73号。

是年,永建与徐乐同、钱大钧(时任国民政府航空委员会主任)、冷欣(时任陆军52师师长)等十名老部下在重庆上清寺陶园相聚,并合影留念,称他们为"十只老虎"。

1939年(民国二十八年己卯) 70岁

2月9日,永建堂弟、钮长耀父亲钮永祥逝世。11日下午大殓。

5月,日军飞机频频轰炸重庆,为防空疏散,永建等迁至歌乐山静石湾办公。

5月19日,永建免兼铨叙部部长。

6月19日,永建专任考试院副院长,留居重庆疏散区主持院务。

11月,永建在重庆参加国民党五届六中全会。全会决定抗战方针。

1940年（民国二十九年庚辰）　71岁

3月4日至10日,永建主持召开中央人事行政会议。

6月12日,因吴稚晖在曾家岩寓所左邻遭日军飞机轰炸,永建邀其到上清寺同住。

8月8日,永建出任高等考试典试委员会典试委员长,主持高等检定考试。

9月23、24日,永建任县长挑选委员会委员,甄试县长人选。

1941年（民国三十年辛巳）　72岁

2月,永建被聘为国防部最高委员会党政工作考核委员会专任委员。

3月,永建为《新生活运动促进总会妇女指导委员会三周纪念特刊》题词:养成新中国新妇女抗建能力,实行三民主义,创造世界和平。

12月23日,永建当选为国民政府委员。因朱家骅继任考试院副院长,改聘为考试院顾问。

1942年(民国三十一年壬午)　73岁

1月,永建专任国民政府委员,兼任政务官惩戒委员会委员长,主持简任官以上政务官的惩戒事宜。

8月1日,永建与吴稚晖等由重庆乘专机至兰州,参加中国工程师学会第十届联合年会。

会后,永建参观左宗棠遗迹,乘羊皮筏渡黄河,考察西北各地,并赴玉门油矿,参观敦煌石窟。又转新疆考察,至10月返回重庆。

12月,永建为青浦县许其荣(号咏霓,同盟会会员)所著《青浦光复旬史》题跋。

是年,永建奉派赴云南,至昆明、大理、保山等地视察。

1943年(民国三十二年癸未)　74岁

1月10日,永建由云南返回重庆。

10月,永建任政务官惩戒委员会委员长。

11月17日,永建参与重庆国民政府主席林森国葬祭典。

1944年(民国三十三年甲申)　75岁

1月1日,永建为李如琼绘画册题词:艺苑奇珍。

1月,重庆国民政府授钮永建一等景星勋章[①]。

3月25日,永建参加吴稚晖八十寿庆签名祝寿活动,亲任招待。

7月8日和16日,永建两次致函朱镜宙(字铎民,章太炎女婿,

1937年冬奉命入蜀任川康区税务局局长,1940年因病辞职),证明奖学金之事(原件存温州博物馆)。

① 景星勋章:属文职勋章,分一等至九等。一等景星勋章由民国总统亲授。所谓景星,犹言德星,指其德性崇高。

1945年(民国三十四年乙酉)　76岁

5月5日至21日,国民党第六次代表大会在重庆召开,永建当选为中央监察委员。

5月28日,永建出席国民党六届一中全会。

10月10日,重庆国民政府授钮永建抗战胜利纪念胜利勋章、忠勤勋章①。

12月1日,重庆国民政府任命叶楚伧、钮永建为苏、浙、皖、京、沪宣慰使。

12月5日,永建在重庆新生路特一号致函国民政府行政院长兼外交部长宋子文,建议将家乡上海县试作实验县,并附送《上海实验县计划纲领宗旨》,提出旨在发展地方经济,改善民众生计的工作要旨。

12月11日,永建与叶楚伧乘专机从成都抵达上海,下榻金门饭店。因叶楚伧患急病,永建护送其赴南京,当晚住厅后街91号。

12月12日,永建从南京返回上海。

12月13日,下午,永建以中央特派宣慰使的身份出席上海市市长在康乐酒家举办的集体欢迎茶会。

12月16日,上午,永建以中央特派宣慰使的身份出席上海学生总会在育才中学举办的上海大中学校代表会议。

12月19日,永建与叶楚伧等致电蒋介石,称宣慰上海工作大体已完成。

12月24日,永建以中央监察委员会特派委员的身份出席上海党团联合工作汇报会。

12月30日,永建以中央特派宣慰使的身份重返故乡,下午巡视闵行镇。

是年,为丁家祠堂神龛匾额题词:本支百世。

① 忠勤勋章:武职勋章,为襟绶,有表,不分等级。

1946年(民国三十五年丙戌)　77岁

1月,永建出发宣抚,先后赴浙江、上海、镇江、南京、皖北各地,沿途发表谈话。

2月5日,永建抵达松江县城,出席民众大会。

2月11日,永建抵达南京。对新闻记者发表讲话,希望老百姓尽量诉冤,新闻记者对政府能抱敢骂的态度。

2月25日,永建刚抵合肥,闻知叶楚伧逝世,急返上海料理丧事。

3月1日,永建赴重庆参加国民党六届二中全会。

3月4日,永建返南京,处理政务官惩戒委员会公务。

4月16日,江苏省政府第25次例会通过,上海县将更名为"永建县",一以纪念钮永建先生,二以免除与上海市混淆。

5月5日,永建参加国民政府还都南京典礼,并赴中山陵园谒灵。

6月9日,永建儿子钮长德与原湖南省财政厅长尹任先之女尹德仪在南京圣光学校礼堂举行订婚礼,仪式由彭励生牧师主持,亲友五十余人到场祝贺。

6月15日，苏北难民救济协会聘钮永建为在沪募捐倡导委员。

6月，永建视察上海县闵行镇，在闵行中心小学与黄蕴深(名宗麟,号懒云)等地方绅商座谈时，叮嘱说："有人提及要把上海县改为永建县，这是要中央承认，江苏省政府各厅、处都需认可，谈何容易。现在见到胜利后的闵行，情景比战前更不安宁，民不聊生，怎能恢复？我看大家先咬紧牙关，任劳任怨，然后上下一心，待此时间再作计议。"

7月，就上松路(今北松路)北桥"支那勇士之墓"①改建事宜，永建批示："此实为抗战中惨烈光荣史迹之一，予以表彰，立碑纪念，并定期公祭，改为无名英雄之墓。"

是月，永建为冯子超所著《中国抗日史》(正气书局出版)题写书名，并撰题记，称："为重振中华民族之复兴，奠定世界和平，吾人切不能遗忘抗战中之经验教训。《中国抗战史》一书，系批评敌我得失，表扬人民浩然正气，防止侵略主义火焰高涨之总论。只有深察抗战中局部失败详情，今后建国方能完成使命，趋向成功。只有把握抗战中胜利之原因，进而发扬光大，今后建国定然向坦途迈进，国运始克昌隆，人民永享太平。"

11月18日，永建由北京飞抵沈阳。

11月30日，永建返回北京后视察区公所。次日返回南京。

12月3日，《文汇报》报道：国府委员永建偕夫人黄梅仙到达北平后，目睹伤兵难民苦情，惜节衣缩食，捐款国币十万元，交北平行辕总务处转交。

① 支那勇士之墓：1937年11月11日，国民党第67军108师某部在上松路北桥地区阻击侵华日军，伤亡惨烈。幸有普慈疗养院总务科长凌其瑞组织战地后勤队，将勇士遗体搬到俞塘河北岸庙泾河边义葬，称"支那勇士之墓"。

1947年(民国三十六年丁亥)　78岁

1月,永建等数十人为上海市参议会教育小组审查意拟改市立实验民众学校为实验国民学校,颇感不满,特联名函请市参议会保留该校原有校名,以利推行民众教育。

2月3日,上午,永建在南京参加国民政府委员会第四次会议,讨论政府改组原则。

2月15至24日,永建在南京参加国民党六届三中全会。

3月29日,中国社会教育社第五届年会在苏州举行,永建被推举为主席团成员。

3月,永建东北之行,回抵北平后,搭飞机返南京。

永建为金山县松隐镇筹建抗战纪念塔题写"金山县抗日阵亡将士暨殉难同胞纪念塔"。

4月17日,国民党中央常会选任钮永建为国民政府委员。

4月23日,改组后的国民政府委员会成立,永建出席首次会议(即国务会议)。

4月底,永建应聘为国民政府资政。

5月28日,永建迁居上海愚园路749弄65号。

8月1日,国民政府来函,批准永建及随员二人免费搭乘军用飞机赴西北地区视察。

8月,永建赴兰州,登天山。

11月21日至23日,国民大会[①]代表选举,奉派钮永建以中央监察委员身份督导江苏省代表选举事宜,留驻镇江办公,并主持甄核参加选举人名单。

11月,江苏省政府批准恢复俞塘民众教育馆。

12月1日,永建为《明心报》②创刊号题写报头,并题词:尊重联合国宪章,发挥大同主义。内修政治,以保育全民,外抗强权,以安定全世界,此吾同人之帜志也。

12月22日,永建重返俞塘。在马桥耶稣堂发表谈话,亲自协调、规划恢复俞塘民众教育馆的建设。

是年,永建出资在俞塘钮氏祖居爱日堂旧址兴建一幢七开间二层楼房。

① 国民大会:首次举行的国会议员直接选举。又称"行宪国大"。
②《明心报》:上海县地方报刊,1947年12月创刊,张翼主编。

1948年(民国三十七年戊子)　79岁

1月18日,永建赴闵行镇,拜访上海县县长俞月秋,并参加上海县参议会大会,发表训话。

2月15日,永建委颛桥张翼①任俞塘民众教育馆馆长。

2月24日,永建赴上海县政府,启示兵役重要。

3月9日,永建携夫人黄梅仙、儿子钮长德及俞塘民众教育馆张翼等赴浙江乍浦访问平湖县参议员"双枪黄双妹"(姓黄字百梅,亦称百器)。

3月16日,《明心报》刊发钮永建为某君题一联:仁者安仁,即是利人。与人同乐,胜于自乐。

3月29日至5月1日,永建在南京参加国民大会。

4月4日,永建参加国民党六届五中临时全体会议。

5月12至14日,钮永建在俞塘召集乡亲叙谈做人做事,认为:"国家危难,民众困难,我何能独好?茅屋三间,以避风雨,于愿已足。稍待国事宁静,我必告老归乡,与父老昆季研究农业生产。"还再三强调:"俞塘事业复兴,应从小处做起,不要多费钱,只要大家努力。竹的凳子很好,木的脸盆也不差,土地必须渐渐利用,水利非常重要。中国以农立国,大部分是农业社会,农村得安,国运斯亨。"

5月18日,永建为强恕学校建校五十周年纪念献言,题为《复兴强恕学校管见》(刊6月3日《明心报》)。

5月20日,永建参加蒋介石就任第一任中华民国总统、李宗仁就任副总统庆典及合影(坐第一排)。

总统府成立,永建奉聘为总统府资政。即办理政务官惩戒委员会结束工作。此后时常留居上海,专心发展俞塘民众教育馆。余闲时鬻书,由云林书画社代订润例并为收件,藉资补助俞塘事业。

6月15日下午,永建赴上海县北桥镇,视察上海县政府办公楼,参加上海县治迁回北桥庆祝大会,强调"上海县地位之重要",赠送亲书立轴"再造斯邦"。

6月,永建为上海县塘湾中心国民学校大礼堂题额。

8月10日,永建在俞塘发表谈话,强调做人做事要吃苦耐劳,节约为先。

8月18日,永建夫妇欢送儿子钮长德赴美留学并赠言。

8月24日,永建在俞塘设家宴招待张翼、陈逸尘、陈兆题、钮恂言、洪锦昌、张书耕等社教工作人员,中菜西吃,席间畅言社教,努力服务,总使无愧天地之所生。

8月27日,永建参加俞塘民众教育馆召开的纪念孔子诞辰暨教师节庆祝大会,并发表演说。

9月18日,时逢中秋节,又是"九一八"事变十七周年纪念日,俞塘民众教育馆召开大会,发动师生参加"勤俭建国运动"。永建到会讲话,并对张翼的组织"力行团"发表祝词:卧薪尝胆古有垂训,畏天者有其国,吾人其勉乎哉。

11月10日,永建为上海县颛桥中心国民学校四十周年作纪念祝词,题为《国民学校与民众教育两者并进》,号召家乡父老推进民众教育,提高文化水平,"为国家建立基础,为家族建立基础,又为社会建立基础,更为其本身建立立身处世、立功立业,贯彻其位育天地万物,达到人类高尚本份之基础"。

11月14日,永建在俞塘民众教育馆扩大民众教育动员大会上发表演讲,古今中外,引经据典,说明国家之利害,即人民之利害,希望齐力于文盲扫除。

11月29日,永建致函中央银行业务局,申明因儿子钮长德赴美国留学,急需汇出外币1 280.9元。留下通讯地址为上海市愚园路749弄85号。

12月7日,永建出席马桥镇民众教育馆推行委员会首次大会,推进当地扫盲工作。

12月10日,《明心报》刊发钮永建为马桥青登乡农业合作社开幕题词:

合作事业,为平民经济事业之中心,亦即培植民主政权之基本,生产合作,尤基本之中心也。青登为上海县要区,同人有志于此,可谓得控制时局之要领矣!

邑公民钮永建敬祝　时年七十有九

永建在俞塘致函强恕学校董事长王益仁,催促解决扫盲经费问题。

12月15日,永建赴南京,20日出席中央纪念周活动。后赴镇江,答访江苏省主席丁治盘,洽商扫盲实施办法。

12月20日,永建函呈蒋介石,称:"请假一个月,回俞塘推行民教。"

12月24日,俞塘民众教育馆重建的大会堂落成,上匾命名为"永建堂",茅顶竹柱,质朴古雅。

12月25日,永建在俞塘与众度"圣诞节",发言回忆1936年"西安事变"经过。下午2时,永建出席俞塘民众教育辅助人员(第一期扫盲干部)特别训练班开班仪式,并亲自担任教员。

12月27日,民众教育辅助人员特别训练班四十六名学员结业。永建参加结业典礼并合影留念。

12月底,永建正式受聘总统府资政。

① 张翼(1899～1975),字凤三,上海县颛桥镇人。曾赴南京晓庄师范进修,信奉陶行知的"生活教育"思想。1929年9月,在颛桥创办上海县农民教育馆。抗日战争爆发,组织成立上海县抗敌后援会,奔赴西南后方。1947年返乡,当选为上海县参议会参议员。

1949年(民国三十八年己丑)　80岁

1月1日,永建出席俞塘民众教育馆元旦庆祝会。

永建在《明心报》刊发广告,宣布由云林书画社代为面向南京、上海各界"鬻书"。

1月4日,永建在俞塘民众教育馆出席特训班学员座谈会。

1月7日,永建在上海县立中学暨简易师范学校大礼堂发表"当前政治"演讲,听众三百余人。

1月13日,永建被云林书画社推举为监事(吴稚晖为理事长)。

1月13日下午,永建在马桥地区巡察,先后走进朱全龙、周运浦、郭竹兴、翁达才、翁根良、陈恩德、孙启华等家中,了解扫盲工作实际情况。

1月15日,永建视察上海县保中队长训练班。

同日,永建长女钮孅华赴美国,黄梅仙送至龙华机场。

1月17日,永建与夫人黄梅仙从南京返回上海,次日返俞塘。

1月21日,蒋介石宣告引退,李宗仁就任代总统。

2月5日,永建与张翼等步行到马桥西贤乡劝学,并到荷巷桥视察,一路盛赞前辈顾言、金庆章的贤德,知昨日金庆章刚移灵入祠,特入金家宗祠瞻仰,踏月返回俞塘。

2月9日,永建出席马桥镇民众教育推进会第四次座谈会。

2月17日,永建出席俞塘民教特训班学员第二次座谈会。

2月19日,永建出席俞塘民教特训班学员第三次座谈会。

2月21日,永建在《明心报》上刊发《钮永建启事》,恳辞"八十寿庆"。

2月24日,永建与张翼等到溪南、沙西、必科、三余、青登等处识字班视察,每到一处作即席讲话。

2月26日,永建在《明心报》上又发《钮永建启事》,再告亲友恳辞"八十寿庆"。晚上,在张翼陪同下,永建自带粽子当饭粮,从俞塘出发,步行三十里,巡视察访了贺家宅、沈家村、紫藤、溪家达、汀漕、荷溪、吴会等地的识字班,实地督导。

2月27日下午,永建出席俞塘民教特训班学员第四次座谈会。

3月1日,永建出席上海县基层教育推进委员会第一次会议,发表讲话提倡实施劝学运动。

3月7日(农历二月初八),俞塘民众教育馆师生为钮永建"八十寿庆"举行植树活动。

永建召集地方官员到强恕中学参加校董扩大会议,研究学校面临的困境。带头捐款,义卖书法,当场解决学校员工工资问题。

3月9日,永建偕黄梅仙赴南京,正逢阴雨寒凉。10日,在南京寓所休息。11日,阅公文书,接待来访。以"身体不适"为由,未见李宗仁就"再请假三个月"。17日返回上海,次日到俞塘。

3月25日,总统府代总统李宗仁发咨文提议钮永建继任考试院副院长,监察院经投票表示赞同(至1952年4月)。

3月29日,永建返回俞塘。

3月30日,永建致电总统府,请辞考试院副院长职。总统府急电挽留。

3月31日,永建在俞塘给考试院参事陈天锡(字伯稼)发信。信中称:

> 三月廿八日来沪,邻居告弟谓有客来访(大片均被友人邮送俞塘)。廿九日返俞塘,始知先生与陈、吴两参事及朱委员均曾过临。失迎至歉,又未及奉造,更滋疚歉也。
>
> 中央此次提名及弟再入考院,已荷监院多数通过,理应早日到院,与诸老友勉共忧乐。惟以马齿日增,自维不足以负重任;加以戴公作古,触景伤怀。重来南京,已增惆怅,更临考院,尤益悲怆。深觉此职非弟今日所堪再任。加以去冬(十二月二十日上书)以来,曾请准予蒋总统,以民众工作为时所急,愿深入乡村,聊尽义务。本月中旬,更请准予李代总统,愿无限期作乡村工作。李公亦优命批答,准予办理。日内正在加紧工作,实在无法抽身。且就时局言,此工作亦确系急务,因此已请收回成命。
>
> 弟于考院,既有十余年之历史,自无漠视之理,只以情绪不宁,又实不免分身,既负中央及监院同人之属望,至深怅

疾。想先生与诸老友亦必能谅宥也。改日(清明后)来沪,再容造访,藉领雅教。

4月3日,永建与张翼及"抗战义女"凌其瑞等率民众教育馆师生,在上松路(今北松路)修葺一新的"无名英雄之墓"前植树献花,举行祭典,缅怀牺牲于此的抗战勇士。

4月4日,代总统李宗仁来信又催钮永建返南京就职。

4月13日,永建出席俞塘民众教育馆馆务会议。回上海寓所。

4月14日,永建在上海医牙。

4月17日,晚上永建回到俞塘,参加耶稣复活节活动。次日出席民众教育馆座谈会。

4月18日,永建致电考试院副院长贾景德,拟下周返南京。

4月26日,永建原定上午飞赴广州,未成行。

4月28日,永建商洽先飞赴台北,再转广州。

4月30日,下午三时,永建及家眷共七人,与考试委员卢毓骏和张默君、参事陈天锡等,由上海飞赴台北。傍晚六时,到达台北,台湾省政府秘书长浦薛凤接机,暂住南京西路12号。

5月12日,永建与陈天锡从台北飞达广州,住德宜街两广考铨处,设考试院广州办事处。永建家眷因在台北难以安顿,同赴广州。

5月14日,人民解放军第20军某部进入马桥地区,次日进入上海县治北桥镇。27日上海市宣告解放。不久,俞塘民众教育馆奉命闭馆。

6月1日,永建在广州就任考试院副院长职,代理院务。

8月27日,永建在广州广府学宫参加孔子两千五百周年诞辰纪念活动。

9月20日,永建给黄梅仙回信,写道:"来信云在台之新屋仅半房而略嫌其小,但在此时亦已不易,余但觉上帝赏赐之厚,心殊不安,因实觉无以报答上帝也。妹但求购竹榻四只而并不求其它,一律听公家安排,极为合理。必如此始不枉为基督家庭,上帝也更将赐福于吾等也。"

9月26日,永建主动解除代理考试院长职务。

10月,第10期《新希望》杂志刊载《钮永建退回十锦暖锅》。

10月1日,中华人民共和国成立,在北京举行开国大典。

10月7日,永建请假两周,飞回台北视察运台物资和办理民众教育。一周后,考试院广州办事处撤守。永建无法返广州,拟飞重庆,屡定屡改,终不果行。

11月25日,永建又被请去暂行代理考试院长职务,临时设立台北大龙峒孔庙为考试院办公处所。

11月,永建与吴稚晖、余井塘(原名愉,字景棠、井塘)等发起在台北再建一所强恕中学,收容到台湾的江苏省籍学子。推举吴稚晖任学校董事会董事长,钮永建、顾祝同任副董事长,钮长耀任校长。

1950年(庚寅)　81岁

4月10日起,台北强恕中学在同安街二十八巷正式上课。永建乐观其成,殊为欣慰。

夏,永建为强恕中学题词:"不强人便是恕,不自恕便是强,此之谓强恕。""经世文编魏际端先生德敬录之,为本校明释义,亦即我宪法博学、平等、自由之意也。"

8月5日,国民党中央改造委员会成立,永建被聘为中央评议委员。

9月15日至21日,永建担任典试委员长,主持高等及普通检定考试。

1951年(辛卯)　82岁

4月5日,清明节,永建与顾祝同等在台北强恕中学举办遥祭江苏先贤先烈活动,并合影。

4月,永建创办《考铨》月刊。

是年,永建亲自主持考试院部设施建设。

1952年(壬辰)　83岁

年初,永建主张确保同仁的子女及附近民众子弟得到适时就学的机会,应当创办一所小学。筹借得五千元,建起两间教室。

4月1日,中兴小学(1970年改名永建国民小学)开学。

4月12日,永建以年迈体衰请辞本兼各职。

4月21日,永建交卸考试院各职。交办结束后,不肯再坐小轿车,坚持搭乘公路局班车回家,令列队欢送的中兴小学师生流下热泪。

4月22日,永建执意搬出公家宿舍,恰宋美龄赶来相劝,方暂停搬家。

10月10日至20日,永建出席国民党第七届代表大会。

10月19日,永建当选为中央评议委员。

10月23日,永建出席国民党七届一中全会。

1953年(癸巳)　84岁

3月15日,永建赴台大医院祝贺吴稚晖八十九岁诞辰。

4月,为纪念台北强恕中学三周年,永建题写"求仁堂"匾额。

5月5日至7日,永建出席国民党七届二中全会。

永建时感头眩,并发现患摄护腺(前列腺)肥大症。

7月3日,永建由夫人黄梅仙及秘书钮敬华陪同赴美国治病,张群、彭清、王世杰等送行。

7月5日,永建抵纽约长岛,暂住幼女钮幼华婿李鲁贻医师家。

7月15日,永建抵达费城。就医进行摄护腺肥大割治手术。

8月28日,私立中坜农工学院筹备处第一次董事会在台北市中山北路二段53号召开,公推钮永建为私立中原理工学院(中原大学前身)创办人,出任第一任董事长。

10月30日晚,吴稚晖病逝于台北,终年八十九岁。永建得知噩耗,悲痛万分,饮食锐减。

11月7日,永建亲撰吴稚晖挽联挽匾,航寄台北。

11月21日,永建由华盛顿返回费城。

1954年(甲午)　85岁

春,经静心休养,永建身体逐步康复。

夏,永建在纽约题写字画:

人之初,心本自无恶。特以利欲驱之,故失正理。其始甚微,终至于不可救。

甲午季夏录宋元学案警语

钮永建于北美纽约旅次　时年八十有五

8月,永建亲撰吴稚晖海葬纪念挽联,航寄台北。

9月,永建由儿子钮长德迎养于美国宾夕法尼亚州匹兹堡。

11月,永建周游考察美国西部。

12月,永建由旧金山回华盛顿,仍住匹兹堡。

是年,永建被推举为台北强恕学校董事会董事长,具体工作由副董事长顾祝同代理。

1955年(乙末)　86岁

10月,永建与张静愚等倡设的私立中原理工学院(今中原大学)建立,被推举为董事长。

是年,永建留居美国宾夕法尼亚州匹兹堡休养。

1956年(丙甲)　87岁

6月15日,永建在美国致函台湾中原大学,请辞董事长职。

是年,永建继续留居美国宾夕法尼亚州匹兹堡休养。

1957年(丁酉)　88岁

永建偕夫人黄梅仙返回台北,入住博爱路222号寓所,精神饱满,谈笑风生,步履如常人。

10月10日起,永建出席国民党第八届代表大会。23日,被选为中央评议委员。

10月26日,永建出席国民党八届一中全会。

1958年(戊戌)　89岁

3月27日(农历二月初八),永建全家在台北市博爱路寓邸举行八十九岁寿辰,未设寿堂寿宴。

7月16日,永建出席国民党中央评议委员第一次会议。

孟夏,永建为周力行少将之母姜太夫人寿庆题识:"物有本末,事有终始。知所先后,则近道矣。戊戌孟夏,钮永建敬题。"后收入《周母姜太夫人寿庆诗书画册》。

另,永建书联:"不着一字具备万物,箭招三辰横绝太空。""海风

1958年3月钮永建夫妇在台北寓邸庆寿

碧云俱似大道,乱山乔木如泻阳春。"并书录《中庸》篇语:"天命之谓性,率性之谓道,修道之谓教。道也者,不可须臾离也;可离,非道也。致中和,天地位焉,万物育焉。仲尼曰:君子中庸,小人反中庸。君子之中庸也,君子而时中;小人之反中庸也。小人而无忌惮也。"

10月30日,永建出席吴稚晖逝世五周年纪念会,发表演讲,并观赏遗墨展览。

11月,因摄护腺炎复发,永建遵医嘱再次赴美国治疗。

11月16日,永建前往美国途中,在日本冲绳岛休息,巧遇"中央研究院"院长胡适,一起到海滩散步。谈及在南菁书院往事,胡适大感兴趣,便"口占一绝":"冲绳岛上话南菁,海浪天风不解听。乞与人间留记录,当年侪辈剩先生。"

1959年(己亥)　　90岁

永建留居纽约长岛休养。

3月16日(农历二月初八),永建九十诞辰,家人同庆。

8月,永建在美国为台北强恕中学第十五届毕业生题词:少壮不努力,老大徒伤悲。此永建近年常以自谴语也。诸君毕业于此,将进修高中或大专学程,或就科学实业,与世相见,前途诚不可量。昔岳鹏举在军中示同志词,有云:莫等闲,白了少年头,空悲切。尤使人不忍卒读。今何时乎? 读国父学说"有志竟成"章,发端语,与先圣孔氏以治国平天下之业,为修齐诚正之动机,而以克明峻德,顾从天之明命。释其旨,何其言之相似耶! 此同人所宜三复者也。欣感诸君乞言之雅,因率举上述诸节以复之。

1960年(庚子)　91岁

夏,胡适将《冲绳岛上口占·赠钮惕生先生》交给美籍华人学者唐德刚,请他与哥伦比亚大学中国口述历史学部联络,希望及时记录钮永建口述,把史实保存下来。

是年,永建留居纽约长岛休养。因摄护腺肥大,在美国住院割治疝气。

1961年(辛丑)　92岁

永建继续留居纽约长岛休养。

1962年(壬寅)　93岁

1月11日,永建以中日策进委员会中方委员的身份参加活动,参观企业。

是年,永建继续留居纽约长岛休养。

1963年(癸卯)　94岁

11月22日,永建未回台湾,国民党第九届代表大会上仍被选为中央评议委员。

是年,永建继续留居纽约长岛休养。又住进医院,再次做了摄护腺肥大割治手术。

1964年(甲辰)　95岁

8月,永建再次手书为台北强恕中学题词。

是年,永建继续留居纽约长岛休养。

1965年(乙巳)　96岁

永建继续留居纽约长岛,平日喜挥笔题字,送人留念。专写大"寿"字于大红纸,落款"钮永建书时九十有六"。

12月上旬,永建因肺气肿转为肺炎,连日发高烧,送住纽约占美加圣安东医院。

12月23日,下午5时(当地时间),钮永建安然逝世,享年九十六岁。其夫人黄梅仙、儿子钮长德和女儿钮孅华、钮珉华、钮幼华等均随侍在侧。遗体当日移送纽约市麦迪逊大道凯倍尔殡仪馆。

12月27日,国民党中央常务委员会开会期间,全体委员肃立为钮永建逝世表示哀悼。

12月28日至29日,亲友前往凯倍尔殡仪馆瞻拜钮永建遗容者二百多人。

12月29日,钮永建遗体在凯倍尔殡仪馆大殓。

12月30日,下午举行由江守道牧

钮永建96岁遗照

师主领钮永建追思礼拜,亲朋故友到场一百五十多人。

12月,台北强恕中学全体师生在"敦说堂"举行公祭。

美国《纽约日报》特刊发长篇报道,称钮永建先生为孙中山先生助理,扼要叙述求学、革命和服官经历,表示哀悼。

钮永建灵柩暂厝纽约城郊外公墓礼堂,筑以大理石壁室,计划待日后运回故乡安葬。

1966年(丙午)

1月7日和17日,江苏旅台同乡会两次专题商议举办钮永建追悼会事宜。

2月25日,蒋介石、严家淦联名颁发"永念耆勋"挽额和《总统褒扬令》,称:"总统府资政钮永建,德行醇谨,志虑忠纯,壮岁潜心武备,服膺革命;受知国父,加入同盟,辛亥之际,起义松江,策应沪军,戮力光复。厥后讨袁、护法、北伐,靡役不从,多所贡献。历任参谋次长代行总长职务、中央政治会议秘书长、国民政府秘书长、江苏省政府主席、内政部长、铨叙部长、国民政府委员、考试院副院长、代理院长等职。扬历内外,宏济艰难,齿德俱尊,犹为并懋,耆龄曼铄,壮心未已,老成遽谢,轸悼殊深。应予明令褒扬,以示政府崇报,耆勋之至意。"

2月27日上午,钮永建追悼会在台北市国际学舍举行,到会三千余人,其中有蒋经国、张群、孙科、严家淦、顾祝同、钱大钧等。追悼会由张群主持,顾祝同报告永建生平事略,钮长耀宣读黄梅仙来函。

台北强恕中学全体挽联:二十年心系旧神州,淡泊见平生,追怀革命殊勋彪炳,长留开国史。万里耗传新大陆,悲歌痛元老,回首俞塘立教弦诵,难忘创校功。

事后,钮永建追悼筹备会编印《钮永建先生纪念集》。

家属按黄梅仙意旨,将抚恤金分赠给中原理工学院、强恕中学和基督教循理会等单位。

3月6日,国民党第九届中央委员会第三次全体会议预备会议开始时,全体起立为钮永建默念致哀。

12月23日,在台亲友五百余人假信友堂举行钮永建逝世周年追思礼拜,并分赠纪念集,放映纪念电影。

1969年(己酉)

4月1日,永建女儿钮幼华为台北私立金陵女子高级学校设立"钮氏纪念奖学基金"(20 500新台币),以纪念父亲。

1970年(庚戌)

3月12日,黄梅仙在美国因病逝世,享年八十七岁。

1994年(甲戌)

钮永建、黄梅仙灵柩暂安厝在美国纽约北郊白平原镇草山墓园。

2011年(辛卯)

为纪念辛亥革命一百周年,上海市闵行区马桥镇政府对俞塘民众教育馆遗存建筑"镕才堂"重加修缮,在此建立"俞塘民众教育纪念馆",陈列钮永建生平事迹史料和实物,并立钮永建铜像,向公众开放。

俞塘民众教育纪念馆

后　　记

钮永建先生是上海人的代表性人物，在中国近现代史中自有其特殊的地位。对于钮永建传奇人生和历史贡献的研究，已引起广泛关注，正在日益深入。以往，杨恺龄先生著有《民国钮惕生先生永建年谱》、上海县志办公室辑有《钮永建先生生平大事年表》，但存在诸多不足。本人与兄长张臻在研究钮永建生平过程中得益良多，尤其是通过查阅大量历史资料、筹建俞塘民众教育纪念馆和编著《俞塘民众教育馆与钮永建》，参加学术研究会，赴南京、广州、台北等地采访，与钮氏家族后人交往沟通，终于对钮永建先生九十六年的人生经历有了比较深入的了解和理解。近十年来，随着持久深入的研究，我们采集到了许多更丰富更详实的史料，今编修成《钮永建年谱》，并正式出版，以飨读者，以利还原历史实情，推进历史研究。

《钮永建年谱》出版工作被列为闵行区文化发展专项资金资助项目，特表示衷心感谢。

张乃清
2016 年 12 月